LES AVENTURES

DE

TÉLAMON.

Son nom seul fait trembler les lâches.

LES AVENTURES

DE

TÉLAMON,

OU

LES ATHÉNIENS SOUS LA MONARCHIE,

Par Mme. DE RENNEVILLE,

Avec figures.

TOME II.

~~~~~~~~~~~~~~~~~~

A PARIS,

Chez VILLET, Libraire-Commissionnaire,
rue du Battoir-St.-André, N°. 20.

Et à Verdun, chez VILLET père, Imprimeur-Libraire.

1819.
~~~~~~~~~~~~~~~~~~

LES AVENTURES

DE TÉLAMON.

CHAPITRE XXV.

Sɪᴛôᴛ que Mnesthée se vit seul à la tête des Athéniens, il dépêcha un courrier à Ménès, avec une lettre remplie de soumission et de dévouement, dans laquelle il le priait de lui donner les pouvoirs nécessaires pour gouverner Athènes en son nom et lui conserver le trône. Le roi, dupe de ce langage, l'autorisa à régir son royaume pendant son absence, sans rien changer toutefois à la forme de la constitution.

Muni de cette pièce importante, Mnesthée se rendit à l'assemblée générale; il monta dans la tribune, et lut au peuple les ordres du roi d'Athènes. Par respect pour un nom vénéré, on

accepta sans murmure ce mauvais citoyen pour représentant du meilleur
et du plus chéri des rois. La lecture
étant finie, tous les Athéniens se reti-
rent chez eux en silence. Plusieurs,
l'ame oppressée, disaient en soupirant:
Ah! si le roi savait!...

Mnesthée parut à peine s'apercevoir de la morne tristesse des Athéniens; peu lui importait d'être aimé
pourvu qu'il régnât. Il alla de suite à
l'aréopage; se fit reconnaître pour régent; puis retourna dans son palais,
avec toute la joie d'un ambitieux qui
est arrivé à son but en surmontant de
grands obstacles.

Le régent s'arrogea sous ce titre
toutes les prérogatives de la royauté.
Il s'entoura d'un appareil magnifique;
la pompe de sa cour surpassait ce qu'on
avait jamais vu de plus fastueux : il
prétendait par ce vain étalage, imposer
au peuple un profond respect pour sa
personne. Ivre lui-même de l'éclat qui

(3)

l'environnait, il crut que tout devait
céder à sa volonté. Orgueilleux avec
ses égaux, tyran de ses inférieurs, il
devint pour tous bas et perfide; et l'on
vit sous ce despote, le caprice et l'arbitraire prendre la place des lois.

Sous ce gouvernement inique, les
places se donnaient non au mérite,
mais à l'intrigue : elles étaient l'objet
d'un trafic honteux et clandestin. La
mauvaise foi, la perfidie, la politique
cruelle, étaient les armes dont Mnesthée se servait pour retenir le peuple
sous le joug. Ses courtisans, hommes
pétris d'ignorance, aussi lâches qu'effé-
minés, étaient encore bouffis d'orgueil, plats et rampans; dirigés par la
crainte ou la cupidité, ils flattaient les
vices du tyran et l'encourageaient au
crime.

Mnesthée et ses partisans savaient
que le despotisme était trop en horreur aux Athéniens pour se soutenir
parmi eux; comme ils avaient tout à

craindre, ils prirent leurs mesures en conséquence. Malgré ses malheurs, le peuple se vit accablé d'impôts ; mais aussi la cour était resplendissante, et ceux qui la composaient, indépendamment du luxe de leurs maisons, de leurs équipages, amassaient encore de grandes richesses !... Tel était l'emploi des deniers publics. De cette manière, le régent affermissait son autorité et se faisait des créatures ; et, nonobstant ces énormes profusions, il trouvait encore le moyen de mettre en réserve des sommes considérables...

- Tandis que Mnesthée foulait ainsi le peuple, objet de sa haine et de ses mépris, il protestait en public de son ardent amour pour les Athéniens ; ses discours d'apparat respiraient la bienveillance, l'humanité et toutes les vertus qui rendent les peuples heureux. Ce langage de forme ne trompait que les simples ; les hommes éclairés gémissaient et se taisaient ; mais ils espéraient

que les dieux, touchés de leurs souf-
frances, inspireraient leurs premiers
magistrats, dont le mérite et les rares
talens n'étaient point contestés ; ils espéraient que ces vertueux citoyens seraient un jour leurs sauveurs, et qu'ils
délivreraient Athènes de l'affreuse op-
pression de ce concussionnaire hypo-
crite, devenu inviolable sous l'égide
royale.

Malgré la tyrannie de Mnesthée, le
peuple d'Athènes resta soumis au
moins en apparence ; la sagesse de l'a-
réopage maintenait la tranquillité ;
d'ailleurs Télamon étant en exil, aucun
grand, aucun guerrier ne réunissait
assez de puissance et de gloire pour
entraîner les suffrages du peuple ; mais
la haine du tyran fermentait dans les
cœurs ; elle menaçait Athènes d'une
secousse violente, lorsque les Dieux la
regardèrent dans leur bienveillance : sa
délivrance devait être le prix de son
courage et de sa résignation, et elle de-

vait souffrir encore quelques temps
sans murmure du poids de ses fers.

Le despote avait, pour exécuter ses
ordres secrets, une armée de scélérats,
vil rebut des royaumes voisins, qui,
n'osant plus reparaître dans leur patrie, lui étaient entièrement dévoués.
Un de ces hommes, nommé Hyppotas,
avait servi quelque temps dans les
troupes d'Athènes; il connaissait Télamon; Mnesthée jeta les yeux sur lui
pour l'envoyer secrètement éclairer la
conduite du prince. D'après ses instructions, Hyppotas ne devait point se
faire voir à Télamon; mais il avait
ordre d'aller partout où il serait, de
ne le point perdre de vue, et de rendre
à Mnesthée un compte exact de ses
démarches, par lui-même, ou par un
exprès. Cet homme devait recevoir autant d'argent qu'il en aurait besoin
pour remplir sa mission d'une manière
satisfaisante.

Hyppotas avait suivi Télamon à Mil-

let, puis à Halicarnasse, où il se tenait
caché, lorsque le prince sortit furtive-
ment de la tour; il apprit son départ
avec toute la ville. S'étant informé de
la route que le capitaine avait prise, il
monta dans un bateau, paya généreu-
sement ses rameurs, fit sans obstacle
la lieue de traversée, et arriva le même
jour dans l'île de Calymna.

Télamon et son esclave, déguisés
tous deux en marchands, partirent peu
de jours après de Calymna; ils allèrent à Délos, puis à Ténos, à Andros,
et dans la grande île d'Eubée, où ils
échangèrent des marchandises et firent
un trafic avantageux. Dans les temps
appelés *héroïques*, aucun état n'était
réputé vil, aucun travail n'était hu-
miliant; mais on regardait l'oisiveté
comme une chose honteuse, et la pa-
resse passait pour un désordre.

Le prince, voulant se rendre en
Thessalie, traversa l'Euripe, petit bras
de mer qui sépare l'île d'Eubée de la

Grèce, et se rendit à Larisse, ville capitale de ce royaume et résidence du
roi Assus. Hyppotas trouva le moyen
de servir comme matelot sur les vaisseaux qui transportèrent Télamon
d'une île à une autre ; c'est ainsi qu'il
arriva à Larisse en même temps que le
prince.

Plusieurs raisons engagèrent notre
héros à visiter cette partie de la Grèce.
Celcéus, revenu de Salamine à Athènes,
avait appris dans cette ville le désastre
de l'armée et les malheurs de son maître ; il se hâta de partir pour Millet
afin de rejoindre le prince ; mais les
vents contraires le forcèrent de revenir en Grèce. Alètes, son esclave,
voyant son impatience, s'offrit de braver les tempêtes pour remettre une
lettre à Télamon. Après un temps considérable et des peines infinies, il eut le
bonheur de rejoindre le prince et de
lui donner l'écrit de Celcéus. Le frère
de lait de Télamon lui rendait compte

de son séjour à l'île de Salamine ; ensuite il l'instruisait de la mort de Cléopompe, roi de Thessalie, et il lui ap-
prenait qu'Assus, son fils, était monté
paisiblement sur le trône ; que depuis
son couronnement il avait été en
guerre avec le roi de Sicyone ; que ce
prince avait livré bataille, avait été
vaincu et fait prisonnier avec Dictyme,
roi de Salamine, qui était venu en personne lui amener des secours ; enfin,
que ses deux illustres captifs étaient à
Larisse, dans le palais d'Assus.

Télamon désirait voir le roi de Thessalie, qu'il aimait ; il souhaitait aussi se
rendre utile à Dictyme auprès de ce
prince ; cependant le but principal de
son voyage était de parvenir jusqu'à
Ménès, de le détromper sur les faux
rapports qu'on lui avait faits, et de le
tranquilliser pour l'avenir sur ses intentions ; mais ses ennemis, pour lesquels
il n'était point déguisé, l'empêchèrent
d'approcher du roi d'Athènes.

Mnesthée apprit par Hyppotas que Télamon était en Thessalie ; aussitôt il fit savoir secrètement à Assus qu'il y avait un complot pour faire échapper le roi d'Athènes. Cet avis, quoique donné par un inconnu, fut cause que l'on resserra Ménès et qu'on augmenta sa garde.

Télamon, qui ignorait la ruse de son ennemi, usa de mille stratagêmes pour voir le roi d'Athènes, ou pour lui faire tenir une lettre ; mais il échoua dans toutes ses entreprises : la vigilance des soldats lui opposait toujours un obstacle invincible. A force d'or il gagne un garde, et parvient enfin jusqu'à la chambre du roi. La porte s'ouvre, le prince voit Ménès ; il s'écrie, en lui tendant les bras : « O mon roi ! j'en appelle à votre justice !.., » Mais on le reconnaît pour étranger ; on lui suppose de noirs desseins ; un soldat le repousse durement ; un autre le perce d'un coup de lance ; son sang coule... on le garotte ; on l'entraîne, et il est conduit dans la tour qui sert de prison.

Assus, instruit de ce qui venait d'arriver, crut voir l'effet du complot dont on l'avait fait avertir. Il ordonna de garder avec soin l'homme qu'on venait de prendre, jusqu'à ce qu'on eût examiné cette affaire.

Le tyran d'Athènes sut l'état des choses par son émissaire; il craignit l'entrevue d'Assus et de Télamon; pour la reculer le plus long-temps qu'il lui serait possible, il donna ordre à Hyppotas d'empêcher, par tous les moyens qui seraient en sa puissance, qu'Assus ne sût le nom véritable du prisonnier. Fidèle au tyran, Hyppotas dit à l'oreille de quelques personnes que l'Athénien retenu dans les prisons, était un malfaiteur chargé de plusieurs crimes, qui avait été gagné par les Spartiates pour assassiner Ménès. Cette calomnie, répétée de proche en proche, devint la nouvelle de toute

la ville, et elle arriva jusqu'au trône:
le roi de Thessalie, resta persuadé
qu'on voulait lui ravir Ménès par la
ruse ou par la violence.

Victime de la méchanceté du tyran
d'Athènes, Télamon, dans la tour, se
flattait qu'Assus, se souvenant de leur
ancienne amitié, lui rendrait une justice éclatante aussitôt qu'il l'aurait vu;
dans ce dessein, il lui envoya ses tablettes; mais le roi de Thessalie, pré-
venu contre le prisonnier, ne daigna
pas les ouvrir, Télamon s'aperçut alors
que ses ennemis le poursuivaient jusque dans l'exil, et il s'apprêta à souffrir avec courage.

Trop grand pour se laisser abattre
par l'adversité, plus fort de son innocence, il chercha à se distraire par les
charmes de la poésie et de la musique;
dans ces agréables occupations, il attendit sans trouble l'instant heureux
qui éclairerait Assus sur son compte.

Le concierge de la tour, nommé

Argon, avait deux filles très-aimables :
Dione, brune fort vive, était âgée de
seize ans, et Thébée, belle blonde,
douce et timide, en avait quinze. La
bonne mine du prince, ses manières
distinguées, les avaient frappées d'a-
bord. Lorsqu'on leur dit que le jeune
Athénien était un malfaiteur, la vive
Dione s'écria : « Cela est impossible !
avec des yeux si beaux et si doux, on
ne peut avoir une ame si noire ! » Thébée
dit, d'une voix basse, s'adressant à Argon : « Mon père, croyez-vous ce qu'on
vient de nous apprendre ? — Dame !
répondit le concierge, que sais-je ? rien
ne ressemble plus à un honnête homme
qu'un coquin. — Hélas ! reprit Thébée
avec un soupir, à qui faudra-t-il donc
se fier si ce jeune homme est coupable
d'un crime !... »

Télamon devait à sa figure, ainsi
qu'à l'affabilité pleine de noblesse que
donne une excellente éducation, l'idée
avantageuse que ces jeunes personnes

avaient prise de lui ; mais ce fut bien autre chose lorsqu'elles l'entendirent réciter admirablement des vers sublimes, et faire de la musique délicieuse. Transportée de plaisir, la douce Thébée dit à Dione : « L'entends-tu, ma sœur ? Quel son de voix, quelle ame ! Ah ! puisqu'il est si calme, c'est qu'il est innocent !.... » Dione répondait : « Oh ! oui, très-innocent ! et de plus trop aimable pour n'avoir point d'envieux ! »

Ainsi prévenues en faveur de Télamon, ces deux jeunes filles étaient comblées de joie lorsqu'elles pouvaient lui rendre quelques légers services ; elles sortaient toujours d'auprès de lui plus charmées des graces de sa personne, de sa politesse, et sur-tout de ses talens. Pour l'entendre pincer de la harpe et chanter, elles s'établirent dans la pièce la plus proche de sa chambre ; là, silencieuses, attentives, l'œil fixé sur la porte de Télamon, elles l'écoutaient avec un plaisir indéfinissable, et l'ou-

vrage qu'elles avaient commencé restait sur leurs genoux. Les charmes de
la musique les disposaient à recevoir
toutes les impressions tendres : si le
prince exprimait en vers les rigueurs
de la fortune à son égard, Dione et
Thébée partageaient sincèrement ses
peines, et le plaignaient de toute leur
ame ; si, en pensant à Stéphanie ou à
Celcéus, Télamon invoquait la conso-
lante amitié pour le distraire de ses
chagrins, les cœurs des deux jeunes filles
semblaient voler à lui : elles tombaient
dans les bras l'une de l'autre, s'embrassaient, et de douces larmes cou-
laient de leurs yeux. Une fois, une seule
fois, au souvenir de Gemma, à celui
non moins agréable de la candide Anaï-
tis, le prince peignit l'amour dans ses
vers ; son accent était passionné et ses
expressions brûlantes..... Alors un feu
inconnu circula dans les veines des
deux sœurs ; Dione était dans une agitation extrême ; le regard animé, les

joues pourpres, elle semblait appeler le prince dans ses bras; Thébée, plus modeste, rougissait et pâlissait tour-à-tour, comme si Télamon eut surpris le secret qu'elle cachait dans son sein. L'émotion qu'elles avaient éprouvée, vive et subite, les trahit; elles se devinèrent et se craignirent; toute confiance cessa entre elles. Depuis ce jour elles n'allèrent plus qu'ensemble chez le beau prisonnier. Le prince ignora ce nouveau triomphe; mais lorsqu'il sortit de la tour, il récompensa les soins affectueux et les aimables attentions des deux sœurs, par de très-beaux présens.

Les choses se passaient ainsi dans la tour, lorsqu'Assus, qui allait à la chasse de ce côté, entendit faire de la musique. Il s'informa de celui qui supportait si gaîment son sort; on lui répondit que c'était le jeune Athénien amené depuis peu dans la prison; il fut curieux de voir ce singulier personnage.

Lorsqu'Assus fut à la porte du prisonnier, il entendit prononcer son nom, et il s'arrêta. Le prince chantait ses malheurs; il reprochait à Assus, autrefois son ami, ses doutes injurieux. Il termina en disant : « Ton noble cœur, Assus, devait-il soupçonner Télamon ? » Le roi, surpris, attendri, ouvrit la porte du prince ; il entra et lui tendit la main : « Venez, Télamon, lui dit-il, venez avec le prince qui vous aime toujours, et qui ne demande de vous, en retour de son amitié, qu'une franchise égale à la sienne. » En achevant ces mots, le roi de Thessalie emmena Télamon, au grand étonnement du concierge et de ses filles, qui jugèrent, par les égards d'Assus envers le prisonnier, que ce devait être une personne de la plus haute distinction.

Le séjour de Télamon en Thessalie, dans le plus strict *incognito* et sous un déguisement, avait fait naître des soupçons dans l'esprit d'Assus ; il se

persuadait que le prince voulait instruire le roi d'Athènes du traité secret
qu'il avait fait avec Cléopompe ; mais
lorsque les deux princes furent réunis, tout s'expliqua ; Télamon reprit
ses droits sur le cœur du roi de Thessalie, et il fut en grande faveur à la
cour. Ayant donné sa parole à Assus
qu'il ne verrait point Ménès, et qu'il
garderait religieusement le secret de
ses favorables dispositions, il déposa
entre ses mains un écrit par lequel il
faisait de nouveau le serment d'être
fidèle à Ménès.

Le prince profita des premiers jours
de sa liaison avec Assus, pour le prier
de renvoyer Dictyme dans ses états,
et il l'instruisit des motifs qui le faisaient agir. Assus se rendit à ses désirs.
Télamon alla lui-même apprendre au
père de Gemma qu'il était libre. Cette
nouvelle causa au vieux monarque autant de joie, que la présence et la mé-
diation du prince lui donnaient de

surprise. Dictyme eut préféré sans doute
devoir sa délivrance à tout autre qu'à
Télamon ; mais il n'en témoigna rien,
et il lui fit au contraire ses remercî-
mens comme un homme pénétré de reconnaissance pour un si grand bienfait.

Celcéus, toujours à Athènes, vivait
dans de mortelles inquiétudes sur le
sort de son cher prince. Ne pouvant
en apprendre des nouvelles en Attique,
il résolut d'aller trouver Assus; il pensait que ce roi ou Dictyme pourrait lui
faire découvrir la retraite de Télamon.
Dans cet espoir, il partit pour la Thessalie.

Les Thessaliens étaient naturellement
belliqueux ; ils regardaient la valeur
comme la plus éminente des qualités;
aussi l'art militaire avait-il chez eux la
préférence, comme celui qui garantit
aux autres la tranquillité domestique;
c'est pourquoi ils avaient pour Télamon
un respect et un amour qui allaient
jusqu'à l'idolâtrie. Afin de lui faire hon-

neur, Assus voulut donner un tournoi où paraîtrait toute la magnificence de sa cour.

Celcéus arriva la veille à Larisse : Assus lui fit dire que les embarras de cette fête l'empêchaient de le recevoir, mais qu'il ferait bien de se disposer à rompre une ou deux lances avec les seigneurs de sa cour. Sur cette invitation amicale, Celcéus se rendit le lendemain au tournoi avec les autres chevaliers. Les plus illustres Thessaliens se distinguèrent dans cette rencontre sous les yeux de leur roi. Celcéus, déjà connu par sa bravoure, fit paraître alors toute sa force et son adresse : il avait fait vider les arçons à plusieurs combattans ; fier de sa victoire, il donnait le signal d'un nouveau défi, lorsqu'un étranger couvert d'armes superbes et monté sur un cheval magnifique, entra dans la carrière. Sa bonne mine et la fierté de son maintien attirent tous les yeux ; on admire sa dextérité à manier son coursier ; la grace et l'élégance de ses mouvemens charment l'assemblée. L'inconnu va droit à Celcéus, le combat, le renverse, et se voit couvert d'applaudissemens.

Celcéus, pénétré d'un dépit amer d'être surpassé par un inconnu, le poursuit à outrance ; il veut recommencer le combat, périr ou lui arracher la vie, et laver dans son sang sa honte et sa défaite. Déjà il est auprès de lui ; il l'allait percer, quand Télamon levant la visière de son casque, lui fit voir son frère, son maître et le plus cher, le plus tendre des amis.....

Honteux de sa fureur, Celcéus n'ose pas lever les yeux sur Télamon ; ivre de joie de le revoir, humilié de l'avoir méconnu, sa tête s'égare : la magnificence des armes du prince, sa beauté, sa belle taille, son air noble, son teint animé, ses yeux brillans et pleins de feu, sa physionomie tout à-la-fois si affable et si majestueuse, tout enfin le fait paraître aux yeux du repentant

Celcéus bien au-dessus d'un mortel. Il se jette aux genoux du prince et fond en larmes ; Télamon le relève, il le serre dans ses bras ; et, après un moment d'une conversation pleine de charmes, ils retournent tous deux au palais d'Assus. Les fêtes du tournoi étant passées, Télamon se proposa de quitter la Thessalie, et de parcourir la Grèce *incognito*. Dictyme était retourné dans ses états ; la promesse que le prince avait faite à Assus lui interdisait la vue du roi d'Athènes, qu'aurait-il donc fait à Larisse ? Il fit ses adieux au roi de Thessalie, qui lui donna sa parole de lui rendre justice auprès de Ménès aussitôt qu'Athènes lui aurait accordé ce qu'il demandait.

En quittant Assus, Télamon donna ses ordres à Celcéus. Ce jeune homme devait retourner dans l'île de Salamine, s'instruire des dispositions de la princesse, et de l'effet qu'avait produit sur le roi de l'île le service que Télamon lui avait rendu. Le prince finit l'entretien en désignant un lieu où son frère et lui pourraient se rejoindre dans un temps donné. D'accords sur tous ces articles, Télamon et Celcéus se séparèrent. Cette fois toute la sagacité d'Hyppotas fut en défaut : deux jours après l'un et l'autre avaient quitté la Thessalie sans que l'émissaire de Mnesthée en eût connaissance.

CHAPITRE XXVI.

Hyppotas ayant fait savoir à Mnesthée que Télamon avait disparu de la Thessalie, sans qu'il eût pu ni prévoir son départ, ni connaître la route qu'il avait prise, le tyran fut outré de dépit de voir son rival hors de son atteinte. Certain qu'il était en Grèce, il envoya aussitôt dans toutes les parties de ces différentes provinces des assassins, qui eurent ordre de le faire périr par-tout où ils le trouveraient.

Dans ces temps anciens, les routes de la Grèce étaient en petit nombre et peu frayées, les terres en friches, les forêts d'une étendue immense, les habitations écartées, d'une communication difficile et dangereuse, sur-tout à cause des bêtes féroces qui erraient çà et là, et des brigands qui se réfugiaient

dans ces repaires. L'héroïsme consis-
tait alors à protéger les voyageurs en
se hasardant à combattre les monstres,
ainsi que les hommes demi-sauvages,
qui ne vivaient que de pillage et de
massacres. Tandis que ces héros con-
sacraient leurs forces et leurs travaux
au repos de l'humanité, les habitans
paisibles des campagnes et des bois
leur ménageaient la ressource d'un
asile : ils les regardaient comme les envoyés du ciel, et ils les honoraient
même après leur mort.

Télamon, fatigué d'un loisir étranger à sa valeur, voulait, en parcourant
les bois, purger la Grèce des fameux
voleurs qui l'infestaient. En conséquence, il erra dans les montagnes et
les forêts avec son esclave, vivant de
sa chasse, et couchant sur la terre ou
dans le creux des arbres.

Le héros trouva promptement l'occasion de signaler sa bravoure ; mais la
renommée avait porté son nom jusque

dans ces lieux incultes et sauvages; les brigands qu'il combattait, surpris de la force de son bras et de son intrépidité, s'écriaient en fuyant, avec la rapidité de la flèche : c'est Télamon!.... Le prince triomphait sans presque combattre, et par la seule terreur qu'il inspirait.

Un jour, ayant entendu un bruit extraordinaire fort près de sa retraite, il prit ses armes, et courut au secours de deux satellites de Mnesthée, qu'il ne connaissait pas, et que six voleurs attaquaient. Hardi jusqu'à la témérité, Télamon s'élance sur les brigands; il en tue deux de sa main, coupe le bras d'un troisième, et met le reste en fuite. Dans ce combat à outrance et si inégal, le prince reçoit un coup d'épée dans la poitrine; et, au moment où les voleurs s'éloignent, il tombe évanoui au pied d'un arbre. Les deux hommes qu'il a sauvés s'approchent. Son état les émut; ils cherchent à lui faire re-

prendre ses sens, et lui ôtent son casque; en le regardant de près ils le re-
connaissent ; c'est Télamon!.... C'est
celui qu'ils venaient assassiner!.... A
cette vue, ils restent anéantis!.... Le
repentir du crime qu'ils ont voulu
commettre en fait des hommes nouveaux. Ils redoublent de soins auprès
du prince ; mais toutes leurs peines sont
inutiles. Persuadés qu'il est mort, ils
versent des larmes sur le héros, et s'é-
loignent en disant : « Quel dommage !
si jeune et si vaillant !.... Ah! s'il avait
vécu, nous aurions été ses plus fidèles
serviteurs, car il nous avait subjugués,
non avec de l'or, mais par sa conduite
noble et généreuse ! »

Ces deux hommes étant partis, l'esclave de Télamon le porta auprès d'une
source, lava sa plaie, la banda ; puis
ayant puisé de l'eau dans le casque de
son maître, il lui en fit avaler, et le
rappela à la vie.

Quelques jours suffirent au prince

pour le guérir et lui faire reprendre des forces. Se sentant assez bien pour continuer de battre les bois, il se remit en marche.

Au bout d'une heure, Eurypont lui fit remarquer, au travers des arbres, une petite chaumière ; le prince s'estima heureux de cette rencontre, car il espérait s'y faire donner des rafraîchissemens. Aussitôt qu'il y fut entré, le feu prit dans une étable, et avec une telle violence, qu'il menaçait de réduire la chaumière en cendres. Le prince et son esclave, oubliant la faim qui les pressait, donnèrent aux maîtres de la cabane tous les secours qui étaient en leur pouvoir.

Ce service, rendu à des infortunés, fut agréable aux dieux : Télamon en reçut la récompense ; car le temps qu'il passa dans la cabane le garantit d'un grand péril, dont il n'eut connaissance que plusieurs mois après. Deux assassins, qui le suivaient depuis

long-temps, perdirent alors ses traces
et s'éloignèrent, ne pouvant s'imaginer
qu'il pût être dans ce lieu de misère et
de désolation.

Télamon avait besoin de nourriture
et de repos ; il ne pouvait trouver ni
l'un ni l'autre dans la cabane où il
était ; quelqu'un lui indiqua la demeure
d'un bûcheron à un quart de lieue, vers
le nord, et il dirigea ses pas de ce côté.

Le prince fut reçu dans cette cabane
avec bonté et simplicité par un vieillard et sa femme : ils lui donnèrent
des fruits, des légumes et du fromage.
Dans le même moment, un jeune militaire entre ; le bûcheron et sa femme
se lèvent à sa vue en s'écriant : « Ah !
c'est mon fils ! » Le jeune homme les
embrasse ; ensuite il s'assied entre son
père et sa mère, puis leur rend compte
de ce qu'il a fait depuis deux ans qu'il
les a quittés. Il a servi dans les troupes
athéniennes, sous les ordres du plus
vaillant de tous les généraux. Avec ce

grand capitaine , le mérite ne restait
pas dans l'oubli; il récompensait la
bravoure du moindre de ses soldats.
Sûr d'être distingué par le chef, on se
disputait la gloire des plus grands périls. Une action courageuse l'a fait devenir sous-officier : ce titre lui a valu
l'honneur d'approcher souvent de son
illustre général.

Le père et la mère du sous-officier
écoutent son récit avec surprise et admiration. Les mains jointes, les yeux
fixés sur ce cher enfant, ils paraissent
ivres de joie de le revoir, et fiers de la
gloire qu'il a acquise. Après une foule
de questions, ils lui demandent le détail de ses deux campagnes; alors le
jeune homme raconte les mémorables
victoires des Athéniens dans les îles re-
conquises; puis leurs malheurs.... Mais
les unes sont dues à la bravoure des
troupes et à l'habileté du général; les
autres, bien affreux! sont l'effet de
causes surnaturelles.... Dans ces infor-

(31)

tunes, le général a montré toute la grandeur, toute la fermeté d'ame d'un héros ; il aurait paru moins digne d'admiration si le sort ne l'avait pas accablé de ses rigueurs.

Le jeune militaire parlait avec feu ; il semblait s'oublier lui-même pour exalter les exploits brillans, extraordinaires de son général. Ses bons parens ne se lassaient pas de l'entendre. Il termina son récit en disant, d'un air triste, « que ce général si grand, si noble, était proscrit ; qu'exilé sur une terre étrangère, ses ennemis le poursuivaient encore.... « Ah ! s'écria-t-il avec un soupir, combien je m'estimerais heureux si je pouvais rencontrer Télamon et lui être utile ! avec quel plaisir je me dévouerais pour conserver ses jours ! »

Pendant toute cette conversation, le prince goûtait une joie bien pure : ces éloges si sincères, donnés à sa haute valeur, à son humanité, le dédommageaient de toutes ses peines. Les

vœux du jeune homme, pour être à
même de lui rendre service, l'attendri-
rent; de douces larmes remplirent
ses yeux. Cependant la mère du guerrier, après avoir prié les immortels de
combler de leurs faveurs le grand
homme qui répandait la joie sur sa
vieillesse, en honorant son fils de son
estime, invita celui-ci à lui faire le portrait de son illustre prince. L'officier
la satisfit aussitôt. Il entra dans le plus
grand détail sur les avantages dont la
nature avait été prodigue envers Télamon; il n'oublia ni ses yeux animés
d'un feu divin, qui annonçaient une
ame d'un ordre supérieur, ni l'air de
majesté qui éclatait dans toute sa personne.

Jusqu'alors tout occupé de ses parens, le jeune officier avait à peine jeté
les yeux sur le prince; sa mère, qui
fixait Télamon, fut frappée de la res-
semblance du jeune voyageur avec le
héros proscrit. Bientôt convaincue

qu'elle a le bonheur de posséder dans son humble cabane le grand homme qui a fait trembler la Grèce et donné des trônes, elle fait signe à son fils; l'officier regarde Télamon, le reconnaît et tombe à ses genoux.

Quelle scène touchante ! le jeune militaire baise respectueusement la main du prince; il lui témoigne sa joie de le voir dans sa modeste demeure, et de pouvoir lui donner des preuves de sa reconnaissance. Plus loin les deux vieillards, les mains levées vers le ciel, implorent Jupiter pour le grand homme persécuté. Télamon, au milieu de ce groupe intéressant, semble un monarque chéri, auquel ses sujets rendent hommage. D'un air de bienveillance, il tend la main à l'officier, le fait asseoir, lui adresse quelques paroles obligeantes; ensuite il ajoute encore au bonheur du bûcheron et de sa femme, en faisant l'éloge de leur fils.

Quitte envers cette honnête famille,

2.　　　　　　　　4

il se retira, malgré les instances du jeune militaire, pour l'engager à prendre du repos jusqu'au lendemain, et de l'emmener avec lui. Télamon refusa ses offres par délicatesse : il ne voulait point priver les deux vieillards d'un enfant si chéri au moment où ils le retrouvaient; d'ailleurs il pensait avec raison qu'il lui serait plus facile d'échapper à ses ennemis, seul avec son esclave, qu'ayant plusieurs personnes à sa suite,

Le prince quitta la cabane du bûcheron, pénétré des sentimens affectueux et sans art de ces bonnes gens. Comme il n'avait pas de plan arrêté, il marcha au hasard; insensiblement il tomba dans la rêverie. L'idée du bonheur qui accompagne l'homme de bien, bonheur qui consiste dans la paix de l'ame et dans l'amour de ses semblables, lui paraissait une récompense d'assez haut prix pour être achetée par le sacrifice de tout ce qui pouvait y porter obstacle. Dans les circonstances citées avec éloge par le jeune militaire, Télamon n'avait fait que remplir son devoir; cependant il s'était acquis des trésors impérissables, l'amour de ses soldats, l'estime des Athéniens, et l'admiration de toute la Grèce. Encouragé par de si puissans motifs, il résolut d'avoir toujours pour devise *l'honneur et la patrie*. L'aventure qui lui arriva un instant après, fut pour lui une nouvelle preuve que l'on fait son propre bonheur, en travaillant à celui des autres.

Un léger bruit lui ayant fait lever la tête, il vit venir à sa rencontre deux soldats en armes, qu'il reconnut pour athéniens. Il se flatta qu'il n'en serait point reconnu; mais il fut bientôt détrompé. Un des soldats s'approche : « Mon général, lui dit-il, souffrez que j'arrête vos pas. » Télamon le regarde d'un air fier, et lui demande ce qu'il lui veut. « Mon général, répond cet homme, vous ignorez, sans doute, que

Mnesthée a mis votre tête à prix, que votre route est remplie d'assassins. Je suis du nombre de ceux qu'il a char-gés de ses ordres barbares, et je vous cherche, mon général; mais tombe sur moi la foudre si je vous fais le moindre mal!..., Je suis parti avant mes camarades, et avec des intentions bien différentes : je voulais, en vous garantissant de leurs piéges, payer la dette de la reconnaissance ; depuis long-temps ce sentiment est dans mon cœur; je ne savais comment, moi, pauvre diable, vous le témoigner d'une manière digne de vous. J'en ai trouvé enfin l'occasion, et je l'ai saisie avec empressement. Le jeune homme que vous voyez avec moi, nouveau dans le service, a voulu connaître le géné-reux prince dont nous parlons tous avec enthousiasme et les larmes aux yeux; je réponds de sa discrétion et de sa probité. Retournez sur vos pas, mon général : ce côté-ci de la forêt est trop

dangereux. Fuyez les montagnes de la
Béotie et celles de la Thessalie : les immenses forêts qui les couvrent, et par
où l'on suppose que vous devez passer,
sont le rendez-vous des satellites de
votre ennemi. N'ayant point les mêmes
raisons que moi pour vous respecter et
vous servir, l'appât du gain leur ferait
commettre un grand crime. »

Pendant que ce soldat parlait, Télamon, naturellement sensible, remer-
ciait les dieux qui veillaient sur lui.
Regardant avec bonté cet homme esti-
mable, il lui demanda ce qui lui avait
mérité de sa part un tel service. « Sou-
venez-vous, mon général, répondit le
soldat, que dans la première affaire où
vous fîtes briller votre courage, et où
je combattais contre vous, couché sur
le champ de bataille, et grièvement
blessé, un des vôtres allait m'achever
lorsque vous l'en empêchâtes ; par vos
soins je fus soigné ; vous portâtes la
bonté, l'humanité jusqu'à visiter votre

ennemi. A mon entier rétablissement,
vous voulûtes bien vous informer du
sujet de la profonde tristesse qu'on re-
marquait en moi ; vous apprîtes qu'elle
était causée par l'inquiétude que je savais donner à ma mère et à mes sœurs ;
quelques jours après, je reçus de votre
part une bourse bien garnie, et la liberté de retourner dans ma famille. Je
voulus vous remercier , mais il me fut
impossible de vous rejoindre : vous
parûtes vous soustraire à ma vive reconnaissance. Cependant mon cœur
était plein de vos bontés ; je brûlais de
vous faire connaître à quel point j'y
étais sensible. Après quelque temps de
séjour dans ma patrie, je me suis rendu
à Athènes, et j'ai pris parti dans les
troupes afin de servir sous vos ordres ;
malheureusement vous aviez quitté
cette ville.... Je servais Mnesthée par
devoir, mais il ne pouvait faire de moi
ni un ingrat, ni un traître..... »

Touché des sentimens de ce soldat,

Télamon voulut lui donner de l'argent:
« Fi donc, mon général, lui dit cet
honnête homme; voulez-vous gâter
une bonne action, ou diminuer à vos
yeux et aux miens le service que je
vous rends? Permettez que je vous accompagne jusqu'à la fin du jour; je
connais le pays, et j'ose me flatter que
vous n'aurez rien à craindre. » Télamon s'abandonna à ce nouvel ami, qui
le conduisit au pied du mont Æta,
dans la Doride, chez un paysan de sa
connaissance, où le héros se reposa
quelques jours. Télamon vit partir avec
chagrin l'homme qui, semblable à un
bon génie, venait de le protéger. En le
quittant, les yeux du soldat se remplirent de larmes; mettant un genou
en terre, il baisa la main du prince,
qui, confus et pénétré de cette soumission, le releva; le serra étroitement
dans ses bras, et lui prit la main avec
affection; ensuite ils se séparèrent. Le

prince fit des vœux pour ne pas laisser
une telle action sans récompense.

Télamon se rappela un jeune homme qu'il avait fait monter aux premiers
grades militaires, et qui habitait un
assez beau château dans ces montagnes. Il résolut de l'aller voir, se per-
suadant que le souvenir de ce qu'il avait
fait pour lui le porterait à l'obliger. Le
prince pensait que plus les hommes
ont de lumières et d'éducation, plus ils
doivent avoir l'ame élevée et être sus-
ceptibles de sentimens généreux ; que,
par cette raison, s'il avait trouvé de la
reconnaissance dans ses simples soldats, il pouvait espérer de se voir bien
accueilli d'un homme de bonne famille, qui avait vécu dans sa familia-
rité et dont il avait fait la fortune. En
raisonnant ainsi, il prit le chemin de
la magnifique demeure de cet officier,
qui se nommait Caranus.

Mais, depuis la chute de Télamon,
cet Athénien, qui voulait conserver ses

grades et sa fortune, était devenu créa-
ture dévouée de Mnesthée. A entendre
l'ingrat, son ancien général, en l'a-
vançant, n'avait fait que rendre justice à son mérite. Pour faire sa cour à
celui qu'il craignait, il censurait la
conduite de Télamon, rabaissait ses talens militaires, et lui refusait jusqu'à
la bravoure. Mnesthée méprisait de tels
hommes; mais il les ménageait comme
transfuges et pour affaiblir le parti de
son rival.

A l'époque où Télamon arriva au
château de Caranus, cet homme était
marié depuis peu de temps; il avait
épousé Helvise, fille d'un noble Athénien favori de Mnesthée. Caranus espérait obtenir, par le moyen de son
beau-père, un poste éminent qu'il am-
bitionnait, puis des honneurs, des richesses : ses prétentions étaient sans
bornes.

Dès que Caranus vit son ancien général, il alla au-devant de lui avec les

démonstrations de la joie la plus vive.
Il le traita avec ces marques de respect et de déférence, qui sont toujours
si douces aux grands dans leurs dis-
graces; parut plus touché des malheurs
de Télamon que le prince lui-même ;
déclama contre la tyrannie de Mnesthée, et lui offrit ses services pour
tout ce qui dépendrait de lui.

Le prince était incapable de suspec-
ter la droiture d'un homme qu'il avait
comblé de biens ; il fut touché d'une
joie sensible de le trouver assez généreux pour être son ami malgré son in-
fortune, et il lui en témoigna sa reconnaissance. Caranus le confirma dans
cette idée par les assurances d'un dévouement à toute épreuve; il y joignit
les caresses, les attentions délicates et
tout ce qui peut porter la conviction
dans l'esprit même du plus soupçon-
neux.

Quelques jours après, Caranus partit secrètement du château, sous pré-

texte de travailler au retour de Télamon dans sa patrie; mais en effet pour
le trahir. Le désir de faire sa cour à
Mnesthée et d'obtenir ce qu'il ambi-
tionnait pour récompense d'un si
grand service, lui fit livrer son bien-
faiteur à ses plus cruels ennemis.

Caranus alla au premier poste militaire, et il se fit suivre par plusieurs
soldats, pour arrêter, disait-il, un
homme dangereux, qui commettait de
grands désordres aux environs de sa
demeure.

Les soldats, ayant investi la maison,
s'emparèrent de la porte principale. Le
prince, qui ignorait ces préparatifs,
allait tomber dans leurs mains, lorsque
sa bonne fortune et sa valeur le sau-
vèrent.

En rentrant chez lui, Caranus avait
découvert ses noirs desseins à Helvise.
Cette jeune dame, touchée de com-
passion pour le héros malheureux,
peut-être même sollicitée par un sen-

timent plus tendre , avertit le prince
du sort qui l'attendait , et lui proposa
de favoriser sa fuite. Télamon la remercia de l'aimable intérêt qu'elle lui
témoignait ; mais il refusa d'accepter
ses offres : tous les moyens timides
répugnaient à son courage. Après une
courte délibération , il fut convenu
qu'il se sauverait seul , et que son esclave irait le rejoindre dans un endroit
indiqué aussitôt que cela lui serait possible. Cet arrangement pris , le prince
se revêtit d'une armure de Caranus ,
il dit adieu à Helvise ; et , malgré les
frayeurs de cette jeune dame qui trem-
blait pour lui , il ouvrit la porte , et
s'élança l'épée à la main au travers des
gardes qui , dans l'étonnement où les
avait jetés sa subite apparition, étaient
restés comme immobiles. Etant reve-
nus de leur stupeur à la voix de Caranus, ils coururent après le prétendu brigand. Dans le même instant, le prince
se retourne ; il combat et terrasse le

premier qui se présente; déjà la frayeur
les saisit ; mais le casque du héros se
détache et tombe : les soldats, qui tous
avaient servi sous ses ordres, le recon-
naissent et s'écrient en même temps :
C'est Télamon !..... Ils jettent leurs
armes et disparaissent, incapables de
soutenir le regard de reproche qu'il
leur lance, ni de porter la main sur le
grand homme qui leur a jadis montré
le chemin de la gloire et donné l'exemple de tous les genres d'héroïsme.

CHAPITRE XXVII.

AYANT échappé au traître Caranus par un bonheur extraordinaire, Télamon gagna sans obstacle une méchante cahutte de la forêt, où demeurait une espèce de sauvage. Le prince eut besoin de toute son intrépidité pour ne pas s'enfuir à sa vue. Cet homme, de couleur olivâtre, avait un barbe noire et épaisse qui couvrait une partie de sa figure; ses cheveux, de la même couleur, qui, tout ébouriffés, tombaient sans ordre sur son front et sur son dos, ne laissaient voir que ses yeux, dont le regard était effrayant. Il avait les jambes et les bras nus, une peau d'ours lui servait de manteau ; il portait une lourde massue dans sa main droite, un arc dans la gauche, et un carquois sur l'épaule. Ce vieillard, nommé Thasius, fit asseoir le prince sur des peaux de bêtes fauves; ensuite il coupa un lièvre en deux avec son sabre, le fit griller sur des charbons, et le lui servit à manger.

Pendant ce repas de sauvage, Télamon pria son hôte de lui trouver un guide qui eût une grande connaissance du pays, et qui pût le conduire dans la Phocide, où il se proposait d'aller. Thasius s'offrit lui-même : il vivait, dit-il, depuis plus de trente ans dans les bois; il en connaissait toutes les issues, et pouvait, mieux que personne, conduire le prince dans la Phocide et partout ailleurs. N'ayant point à choisir, Télamon accepta son offre.

Rien n'empêchait Thasius de partir le jour même; c'est pourquoi le prince, qui désirait continuer sa route, l'emmena sur-le-champ. Ils traversèrent une étendue immense de forêts impraticables, et si fourrées qu'il était permis de croire qu'aucun homme n'y était venu avant eux. Cette marche fa-

tigante devint encore très-périlleuse :
car à mesure que les voyageurs avançaient dans des endroits sombres et
couverts, les bêtes féroces, inquiétées
dans leurs retraites, en sortaient et se
jetaient sur eux. Thasius, avec sa massue, les attendait de pied ferme ; habitué
à ce genre de combat, d'un seul coup il
les abattait à ses pieds. Le prince s'amu-
sait de cette chasse, et il secondait son
guide avec sa bravoure ordinaire.

Le second jour du voyage, Télamon,
tout-à-fait égaré, ne put jamais se reconnaître : les réponses de Thasius ne
le satisfaisant pas, il monta sur un arbre
pour tâcher de découvrir quelque habitation ; mais il ne vit qu'une forêt à
perte de vue et des montagnes extrêmement hautes : c'était la chaîne de
rochers qui sépare la Thessalie de la
Doride.

La chaleur était excessive ; fatigué
d'une marche que la pesanteur de ses
armes rendait encore plus pénible, Té-

lamon désira prendre un peu de repos.
Ayant rencontré une caverne, il la
parcourut en tous sens l'épée à la main ;
et, la trouvant libre, il s'y établit afin
de réparer ses forces par le sommeil.
Pour dormir plus à son aise, il délassa
sa cuirasse et déposa ses armes auprès
de lui. Son guide resta à l'entrée de la
caverne, et veilla, pour écarter les animaux malfaisans.

Le lendemain, lorsque Télamon ouvrit les yeux, le soleil avait parcouru le
quart de sa course : il appela son guide,
en même temps il chercha ses armes ;
mais Thasius avait disparu avec l'armure
du prince, de plus il lui avait volé tout
l'argent qu'il possédait.

Ce nouveau coup du sort fut extrêmement sensible à Télamon ; il se voyait
au milieu des bois, dépouvu d'armes
pour se défendre ou pour se nourrir,
et n'osant pas même se faire connaître
si le hasard voulait qu'il rencontrât
quelqu'un. Dans cette fâcheuse extré-

mité, il éprouva pendant plusieurs jours
tous les genres d'infortunes : la nuit il
couchait sur le haut des arbres, au ris-
que de tomber en dormant et de se cas-
ser les bras et les jambes; le jour il vivait de fruit sauvage ou de racine,
souvent il faisait plusieurs lieues sans
trouver une goutte d'eau; n'ayant pour
toute arme qu'un bâton noueux, il combattait les animaux carnassiers corps à
corps, et il ne sortait vainqueur d'une
lutte si inégale et si périlleuse que couvert de blessures.

Télamon menait cette vie misérable,
exposé à chaque instant à rencontrer,
sans gloire, la mort la plus affreuse,
lorsqu'enfin un chétive cabane s'offrit
à sa vue. Joyeux de cette rencontre,
il hésitait cependant d'entrer dans ce
lieu, parce qu'il n'avait pas de quoi satisfaire son hôte; le maître de la chaumière étant venu à sortir, fit cesser son
embarras, et l'engagea de bonne grace
à se reposer chez lui.

Télamon raconta à son hôte la disparition et le vol de son guide : il déplora la perte de son argent, qui lui ôtait les moyens de le récompenser ; mais cet homme le tranquillisa, en l'assurant que son plus grand plaisir était d'être utile à ses semblables : « Je suis pauvre, ajouta-t-il, mais je partage de bien bon cœur le peu que j'ai avec mes frères qui sont dans le besoin : les dieux, que je sers en faisant un bon usage de leurs bienfaits, se chargeront de ma récompense. Dans mon heureuse patrie, continua-t-il, l'hospitalité est en honneur ; on l'exerce non-seulement envers des étrangers, mais même envers des ennemis : en Attique, l'homme qui se met à l'abri sous le toit d'un citoyen n'a rien à en craindre : jamais un Athénien n'a violé ce sanctuaire de la bienveillance, quelque grande que fût sa colère, et quelque juste que fût son ressentiment ; au contraire, il protège celui qui l'honore de sa confiance ; il se fait une loi de pourvoir à ses besoins. » En écoutant son hôte, Télamon disait intérieurement : Caranus n'est donc pas Athénien !....

Vers la fin du jour, un autre voyageur se présenta à la cabane, demandant un gîte pour la nuit; le paysan le reçut comme Télamon, avec franchise et cordialité. L'hôte hospitalier, ayant fait un lit avec des feuilles sèches, les deux voyageurs se couchèrent dessus, puis s'endormirent.

Le lendemain, le dernier venu, qui n'était autre qu'un des assassins de Télamon, examinant le prince, qui dormait encore, remarqua sa belle figure: il s'imagina qu'il ne pouvait y avoir dans ces montagnes que celui qu'il cherchait, qui eût dans son air tant de grace et de noblesse ; en conséquence, il résolut de s'en saisir préalablement. Croyant que l'hôte entrerait volontiers dans ses vues, il alla lui faire part de ses remarques et du dessein qui l'ame-

(53)

nait. L'honnête paysan l'écouta avec peine ; plein de colère d'être cru capable de trahir l'homme sans défense qui se fiait à lui, il chassa honteusement ce vil satellite de Mnesthée ; ensuite il réveilla le prince , et l'instruisit du nouveau service qu'il venait de lui rendre. Plein d'admiration pour la probité de son hôte, le prince crut ne devoir mieux reconnaître ce qu'il lui devait, qu'en lui témoignant une confiance entière : il lui raconta son histoire sans en rien omettre ; puis il chercha avec lui de quelle manière il sortirait des montagnes. Le paysan avait traité Télamon en frère, il ne s'abaissa point devant le noble Athénien par une conduite humble et rampante ; mais il rendit au grand homme dans le malheur , les égards et le respect qui lui étaient dus. Il donna au prince des avis utiles, et l'engagea à marcher de nuit le plus qu'il lui serait possible : il lui fit présent d'une massue et d'une épée, pour

lui servir de défense contre les bêtes
féroces, regrettant toutefois de ne pouvoir pas être son guide. Télamon quitta
à regret cet excellent homme; et, se
mettant sous la protection des dieux,
il alla s'exposer à de nouveaux hasards.

Le prince avait au moins pour trois
jours de marche avant de sortir de la
forêt, supposé encore qu'il suivît exactement les instructions de son hôte. Le
premier jour n'eut rien de remarquable;
il trouva partout, comme auparavant,
les chemins obstrués par un amas considérable de plantes parasites, au travers
desquelles il fallait se faire de force un
passage : là étaient des masses de pierres
informes et stériles; ici des précipices
cachés par les arbres, et où le moindre
faux pas, la moindre distraction pouvait le faire tomber. Au milieu de ces
horreurs de la nature, les échos répé-
taient l'affreux rugissement des bêtes féroces et l'avertissaient de se tenir sur ses
gardes; mais, familiarisé avec les em-

barras et les périls, Télamon comptait pour rien ces fâcheuses rencontres, car il était sûr d'en triompher par sa constance et sa valeur.

Sur la fin du second jour, il aperçut de la lumière à une certaine distance. S'étant approché, il distingua les ruines d'une habitation qui semblait dater des Pélages. Dans ces premiers temps de la Grèce, on faisait les murailles avec d'énormes blocs de rocs entassés les uns sur les autres, mais avec tant d'art et tant de solidité qu'ils traversaient les siècles sans altération, et que leurs restes mêmes, dans le temps de notre héros, avaient encore une sorte de grandeur.

Un orage violent qui éclata tout-à-coup, décida le prince à se hasarder dans les salles de ce vieux palais. En montant les degrés rompus qui y conduisaient, il remarqua une statue de Némésis, appuyée sur un pan de la muraille; il lui vint dans l'idée que le propriétaire de cet ancien château était un homme juste et redoutable, ennemi des méchans, et qu'il avait érigé cette statue pour avertir les voleurs de la forêt que ses yeux étaient toujours ouverts pour venger leurs crimes.

Comme il faisait cette réflexion, le tonnerre tomba avec un bruit épouvantable sur les ruines du vieux château; et des cris perçans, sortis d'une des salles, se firent entendre. Étourdi d'abord par cet horrible fracas, le prince s'arrêta; mais en pensant que peut-être, dans ce lieu sinistre, quelqu'un avait besoin de son secours, il précipita ses pas et oublia les mesures de prudence.

Il entre dans une pièce entièrement dégarnie et très-vastes, et reste immobile à la vue du spectacle qui s'offre à lui : plusieurs brigands des plus effroyables errent sans ordre dans la salle; un autre est couché par terre, frappé de la foudre et entouré des débris d'un repas ; plus loin un jeune homme ,

nu , est attaché à une colonne, et il in-
voque les dieux contre ses assassins.

Un coup-d'œil a suffi à Télamon
pour voir cet affreux tableau, et son
parti est déjà pris : il va combattre ces
scélérats, délivrer l'innocente victime
de leur fureur, et purger la terre de
ces monstres. Au moment où, n'étant
point encore aperçu des voleurs, il
cherche le moyen de les vaincre plus
sûrement, il aperçoit son armure sur
un de la troupe : c'est Thasius,
c'est ce traître lui - même !.... Le
voir et le rejoindre, ce fut pour le
prince une seule et même chose : d'un
coup de massue il le fit rouler dans la
poussière. Les autres voleurs entourent
alors Télamon qui, pressé par quatre
homme à-la-fois, s'adosse au mur de la
salle et se défend avec son épée. Après
avoir servi long-temps sa valeur, elle
se rompt dans ses mains. Le prince va
périr, car les voleurs redoublent d'ardeur ; ils le serrent de si près, que sa

massue lui devient inutile; déjà l'un d'eux lui a fait sentir la pointe de sa lance; mais Thasius, qui a eu le temps de se remettre, se relève; il regarde celui dont le bras nerveux l'a terrassé, et s'écrie: « C'est Télamon !.... » A ce nom redoutable, les brigands sont saisis d'effroi: ils se croient perdus, et se hâtent de fuir, en abandonnant toutes leurs richesses.

Lorsque le prince se vit libre, il détacha l'inconnu et lui fit reprendre ses habits et son argent; lui-même retrouva sa bourse parmi les objets qui formaient le butin des voleurs. Télamon, accompagné de son nouvel ami, quitta ensuite cet affreux repaire, préférant les bois à ce séjour du crime.

Chemin faisant, l'inconnu témoigna à Télamon toute sa reconnaissance du service qu'il venait de lui rendre. Il lui apprit qu'il était égyptien, et qu'il se nommait Hippomédée. La nuit qui s'avançait, ne permettant plus aux

voyageurs de poursuivre leur route,
ils entrèrent dans une espèce de grotte,
allumèrent devant un grand feu pour
effrayer les bêtes féroces ; puis s'étant
assis, le jeune Egyptien raconta ainsi
son histoire au prince.

« Chéops, roi d'Egypte, fils et suc-
cesseur du vertueux Rhampsinit, si-
gnala son règne en mettant le caprice
et l'arbitraire à la place des lois. Il
donna sa confiance aux étrangers, en
mit dans les places et auprès de sa personne, et, par cette conduite, s'aliéna
le cœur de ses sujets. Sous ce gouvernement à-la-fois faible et oppressif, la
puissance égyptienne déclina tous les
jours : le peuple, accablé de misère, re-
portait tout son intérêt sur lui-même,
et l'amour de la patrie semblait éteint
dans les cœurs : ce beau royaume était
près de devenir la proie des factieux ou
des ennemis du dehors.

Vrai tyran de ses sujets, le roi leur
interdisait jusqu'à la plainte. Plusieurs

hommes de mérite avaient été envoyés
en exil, à cause de leur courageuse hardiesse ; d'autres, plus malheureux, venaient de perdre la vie pour avoir cen-
suré la conduite du despote ; le roi allait
encore signer un arrêt de mort, et se
priver d'un bon serviteur, lorsqu'une
aventure singulière sauva l'infortuné.

En allant à la chasse, Chéops s'é-
loigna de sa suite sans s'en apercevoir.
Il arriva dans un endroit découvert
où était un temple, autour duquel régnait une galerie soutenue de deux
rangs de colonnes. Surpris à la vue de
cet édifice qu'il ne connaissait pas, il
en monta les degrés, et vit dans l'intérieur des statues de Jupiter, d'Apollon,
des Muses, faites d'ivoire, d'ébène ou
d'or, et ornées de pierres précieuses ;
devant ces statues, était placés de petits autels où brûlaient des parfums ; il
y avait rangés autour du temple, des
lits et des tapis qui servaient dans les
festins que l'on préparait aux dieux.

(61)

Le roi examinait ce magnifique monument, lorsque son attention fut dis-
traite par l'arrivée du vénérable vieillard qui desservait le temple. Ce pontife,
tenant un livre à la main, s'avança gra-
vement vers le prince, le salua en le
nommant par son nom, et lui déclara,
qu'ayant eu connaissance de sa visite,
il l'attendait pour lui annoncer les malheurs qui allaient fondre sur lui en pu-
nition de ses fautes.

Surpris de la hardiesse du vieillard,
le roi lui demanda qui il était, et de
quel droit il voulait donner des conseils
à son maître? Le grand-prêtre, sans paraître ému de l'air imposant et irrité
du monarque, lui répondit : « Pardon,
grand roi, si j'ai eu le malheur de vous
déplaire ; mais la solitude où je vis sera
mon excuse : n'ayant jamais été à la
cour, la langue qu'on y parle m'est
inconnue. Je suis devin ; je me nomme
Fatum ; j'habite ce temple depuis bien
long-temps !.... Je ne flatte jamais ; et,

lorsqu'on me consulte, je rends quelquefois service.... »

Pendant ce discours du vieillard,
Chéops l'examinait avec inquiétude.
Fatum ayant fait asseoir le monarque,
le pria de jeter les yeux sur un miroir
de métal placé devant lui. Chéops découvrit une étendue considérable de
pays; un prince étranger entra en
Egypte à la tête d'un grand nombre de
troupes, livra bataille aux Egyptiens,
les tua tous, s'empara de Memphis et
livra cette ville aux flammes. Le roi
d'Egypte, chargé de fers, fut traîné
dans le faubourg. Là, placé sur un
tertre, on fit paraître devant lui sa fille
habillée en esclave et portant une cru-
che pleine d'eau; les filles des grands
du pays l'accompagnaient dans le
même costume, et déploraient à grands
cris leurs malheurs; leurs pères désolés
fondaient en larmes. Le roi, seul, immobile, les yeux fixés en terre, retenait
ses sanglots et semblait maîtriser sa

douleur. Bientôt son fils parut suivi de deux mille jeunes Egyptiens, portant tous des mors dans la bouche et des licols : le vainqueur les envoyait à la mort. Les amis de l'infortuné roi vinrent ensuite couverts des haillons de la misère ; une foule d'Egyptiens de tous rangs les accompagnait dans le plus affreux désespoir. Lorsque le roi d'Egypte eut bu jusqu'à la lie la coupe de la douleur, on lui présenta du poison qu'il reçut comme un bienfait. (*histor.*)

Chéops était resté comme anéanti devant ce tableau prophétique, qui lui présageait les affreuses calamités que son gouvernement inique attirerait sur sa famille et sur sa patrie. Revenu de sa stupeur, il leva les yeux et chercha le grand-prêtre ; mais le vieillard avait disparu.

Le roi ayant rejoint sa suite, retourna aussitôt à Memphis. Crédule, superstitieux même, il regardait la rencontre de Fatum comme un avertissement du ciel ; mais il ne fit rien pour détourner la colère céleste ; au contraire , l'impression de terreur qu'il avait reçue, s'effaçant peu à peu de son esprit , il ne lui resta dans l'ame qu'un grand désir de vengeance contre le téméraire qui lui avait donné cette terrible leçon. S'étant informé du vieillard, on lui dit qu'il était allié de *Sézac* , Egyptien, grand homme d'état, mais peu fait pour les cours. Chéops s'imagina alors que cet homme véridique avait la plus grande part dans l'humiliation qu'on venait de lui faire éprouver ; n'osant pas punir le prêtre, dont il connaissait l'influence, il fit retomber sa colère sur l'homme paisible qu'il ne craignait point.

La disgrace de Sézac fut bientôt connue à la cour ; ceux des courtisans qui enviaient ses places et ses richesses, fabriquèrent de fausses lettres, où cet homme incorruptible était désigné comme un traître vendu aux ennemis de son roi. Chéops ne fut pas la dupe de cette intrigue ; mais il profita de l'occasion pour éloigner l'homme sévère, dont l'œil observateur et même le silence le faisaient rougir de sa petitesse.

Pour conserver quelques formes en prononçant l'exil d'un homme généralement estimé, le roi présenta à Sézac les lettres anonymes, et il lui demanda ce qu'il avait à répondre pour sa justification : « Rien, lui répondit Sézac ; car lorsque je suis assez malheureux pour avoir perdu la confiance de mon maître, et que mes actions publiques ne détruisent pas des calomnies fabriquées dans les ténèbres, de quoi serviraient mes paroles ? » Tant de fierté irrita encore plus le monarque ; il rompit sur-le-champ l'entretien, et une heure après, il envoya au général l'ordre de sortir du royaume.

Sézac se retira en Asie, chez les Bactriens. Leur roi, Sabacus, flatté de posséder ce grand général, le mit à la tête d'une armée de quatre cent mille hommes et de vingt mille chevaux, pour combattre un peuple contre lequel il était en guerre.

Cependant Chéops, débarrassé d'un censeur incommode, s'abandonnait de plus en plus à la fougue de ses passions ; ses courtisans, peu soigneux de sa gloire, insensibles au bonheur de la nation, et ne songeant qu'à se maintenir dans les bonnes graces du monarque, duquel découlait la source des faveurs, lui cachaient la vérité ; égaré par ces faux amis, Chéops traita les Egyptiens plutôt comme des ennemis désarmés, que comme des sujets ; mais le peuple, las enfin de ce joug tyrannique, leva l'étendard de la rébellion.

Les habitans des bords de la mer Rouge s'étant armés les premiers, les ennemis de Sézac firent entendre au roi que ce général, mécontent, les excitait sous mains, et que bientôt on le verrait à la tête des rébelles. Avec ce faible monarque les soupçons équi-

valaient à des preuves ; il confisqua tous
les biens du général , et mit sa tête à
prix. Sézac n'étant pas même en sûreté
dans le camp des Bactriens , s'embar-
qua sur un vaisseau grec avec son esclave Zara.

On connut bientôt en Egypte la retraite du général ; un grand nombre de
personnes de haute naissance vinrent le
trouver avec des armes , de l'argent, et
l'engagèrent à marcher contre Chéops.
Le parti du général grossissait tous les
jours : les paysans de l'Egypte attendaient aussi qu'un chef habile se pré-
sentât et dirigeât leurs opérations :
tout favorisait Sézac , s'il eût moins
aimé sa patrie adoptive.

Instruit par ses émissaires, des progrès de la révolte, Chéops sentit le danger qui menaçait son trône : il craignait le génie guerrier de Sézac ; il craignait encore plus l'amour que les
Egyptiens avaient pour ce grand général. Afin d'ôter ce chef aux mécontens,

il résolut de s'en saisir par surprise ; mais Sézac, averti des desseins du roi d'Egypte, s'enfuit avec son esclave fidèle, et si secrètement, qu'aucun de ceux qui restaient dans sa maison n'en eut connaissance.

Pendant la vie du roi, la famille de l'infortuné Sézac n'osa faire aucune démarche pour le découvrir ; mais à la mort de Chéops, les parens et les amis du général se répandirent en diverses parties de la Grèce pour en avoir des nouvelles, et lui apprendre que Mycé-rinus, fils de Chéops, et qui lui succède, se fait aimer par sa douceur, par sa justice, et qu'il accueille favorablement les hommes vertueux que son père avait éloignés. Elevé dans la maison, sous les yeux du général, et fils de son propre frère, j'ai pour Sézac l'attache-ment qu'inspirent les liens du sang et ceux de la reconnaissance ; depuis long-temps je parcours tous les coins de la Grèce, et j'ai la douleur de n'avoir pas même entendu prononcer son nom, chose qui me fait craindre qu'il ne soit passé en Asie. Pour ne rien né-gliger, je suis venu dans ces montagnes, où ses malheurs et la crainte du tyran pourraient l'avoir conduit. Je les par-courais sans fruit depuis deux jours, lorsque des voleurs m'ont attaqué, et que votre bravoure autant que la ter-reur qu'inspire votre nom, les a mis en fuite et m'a sauvé la vie. »

Hippomédée ayant terminé son his-toire, le prince le fit consentir à le suivre : il espérait lui être utile dans la recherche de son parent, et peut-être même le découvrir, supposé qu'il fût en Grèce. Il voulut voir d'abord plu-sieurs endroits de la forêt qu'il ne con-naissait pas encore. Sitôt que le jour parut, les deux voyageurs s'étant com-muniqué réciproquement leurs pen-sées, étant bien armés et suffisamment pourvus des choses nécessaires, se mi-rent en marche.

Arrivé au bout de quelques heures, sans accident, dans un lieu tout-à-fait sauvage, Télamon aperçoit, dans un bouquet de bois fort épais, un rocher à pic; un escalier brut conduisait à la cîme. Le prince et son ami montent ces degrés informes; ils arrivent à une petite porte, la poussent, puis entrent dans une salle tapissée de grosses nattes; quelques siéges de bois grossièrement taillés, un lit de feuilles et des peaux sèches en forment l'ameublement. La pièce attenante sert de grange; on y voit plusieurs sortes de grains et des outils aratoires. Cette chambre ouvre sur une terrasse ornée de quelques fleurs, d'où l'on découvre une étendue de pays immense. Au bas du rocher coule une source d'eau vive; sur les bords du ruisseau, il y a plusieurs carrés de terre en pleine valeur, puis un verger; plus loin est une prairie où paissent des chèvres, des moutons, une vache. « Tout ceci, dit le

prince, en serrant la main de son com-
pagnon, et lui montrant la terre en
culture, nous annonce l'existence d'un
homme civilisé; j'ai même le pressen-
timent, jeune homme, que vous trouverez, dans cette demeure agreste,
l'objet de votre sollicitude. »

Les deux amis descendirent alors
un escalier plus commode que celui de
la forêt. Lorsqu'ils furent au bas, ils
aperçurent un esclave qui travaillait
dans un jardin, et, à l'entrée d'une petite cahutte couverte de chaume, un
vieillard occupé à faire des ouvrages
d'osier. Lorsque le prince aborda le solitaire, celui-ci lui rendit son salut avec
aisance, et il lui demanda quel était
le sujet de sa visite? Hippomédée, qui
se tenait un peu en arrière, avait aussitôt reconnu son oncle. Ne pouvant
plus contenir les vives émotions de
son ame, il s'avança précipitamment,
se jeta au cou du vieillard, et le visage
inondé de larmes, il s'écria : « Sézac

est donc enfin rendu à l'heureux Hippomédée!.... » Sézac ému, serra le
jeune homme dans ses bras ; ensuite il
l'invita à s'asseoir ainsi que le prince ;
là conversation devint alors calme et
grave. Hippomédée fit tous ses efforts
pour décider le général à retourner en
Égypte ; le solitaire refusa constam-
ment de quitter sa paisible et agréable
retraite ; il ne lui laissa pas même l'espérance de changer jamais de résolution : « Eh! qu'irai-je faire à la cour !
s'écria-t-il ; pendant trop long-temps
j'ai vu la loyauté faire place à la politique, et la franchise à la dissimulation ;
j'ai vu des hommes, esclaves des pré-
jugés, parler le langage de la philoso-
phie, et des dévots haïr leurs frères ;
j'ai vu des hommes, qui se disaient
grands, opprimer d'autres hommes
qu'ils appelaient petits ; j'ai vu des citoyens, qui se vantaient d'aimer la patrie, faire tout ce qui était en leur
pouvoir pour l'abaisser, l'asservir ou la

perdre. En un mot, j'ai vu partout mettre en vigueur l'odieuse maxime qui porte à honorer le riche, à mépriser le pauvre, à servir les puissans, à écraser les faibles..... Vous parlez de bonheur, Hippomédée; eh! où est-il dans le monde? Les grands sont victimes de l'ambition; les pauvres de la vanité ou de la misère; personne n'est heureux ou ne veut l'être qu'aux dépens des autres : l'orgueil, l'intérêt, l'égoïsme ont détruit l'amitié, l'humanité... Ah! plus j'y pense, plus je préfère les bois à la société des hommes !..... »

Le prince, se joignant à Hippomédée, essaya de vaincre la résistance du général; il lui parla de sa famille, et sembla interroger son cœur. Le vieillard lui répondit : « Je ne suis pas insensible aux sentimens de la nature; le plaisir que j'éprouve en voyant ce jeune homme (montrant son neveu) en rend témoignage. Certes, j'aime beaucoup les miens; peut-être même que la vivacité de mon affection pour eux a contribué, plus que mes propres peines, à m'éloigner des hommes. Les malheurs de mon père, qui me sont toujours présens, m'ont fait sur-tout une profonde impression ; lui-même me les a répétés bien des fois ; ma mère, aussi sage que belle, a eu, de son côté, beaucoup à souffrir, et c'est de sa propre bouche que j'ai appris ses infortunes. Depuis que je suis dans cette solitude, j'ai écrit leurs aventures : voici ce manuscrit, ajouta le vieillard, en sortant d'une corbeille un rouleau de papirus et le donnant au prince ; veuillez y jeter les yeux ; vous verrez l'infortuné Sahyd, victime de l'intrigue, mourir loin de sa patrie sur une terre inculte et sauvage. » En disant ces mots, Sézac appela son esclave, et il alla disposer le repas qu'il destinait à ses hôtes. Le prince et Hippomédée, s'étant retirés à l'écart, s'assirent, et Télamon lut à haute voix l'histoire suivante;

CHAPITRE XXVIII.

Histoire de Sahyd et de Délia.

A LA mort d'Aménophis, roi d'Egypte, son fils Sésostris monta sur le trône. Ce prince possédait de belles qualités; son éducation avait été toute guerrière; la morale la plus pure lui avait appris l'étendue de ses devoirs.

Les lois d'Egypte tendaient toutes à assurer le bonheur des peuples, en faisant régner la justice, et en prévenant les abus du pouvoir; non-seulement elles embrassaient les objets d'une haute importance, mais encore elles s'occupaient de minutieux détails : elles réglaient la dépense du prince, pour sa table, ses meubles, ses habits : une noble simplicité régnait partout; l'Etat n'avait point de dettes, et la nation, point grevée, était riche. Les heures du prince étaient réglées, parce qu'il en devait compte à son peuple.

Dès le point du jour, lorsque l'esprit est net, et que les pensées sont pures, il lisait ses lettres, pour prendre une idée plus juste des affaires qu'il avait à décider. Sitôt qu'il était habillé, il allait sacrifier dans le temple : là, environné de toute sa cour, il assistait à la prière que le pontife prononçait à haute voix, et dans laquelle il demandait aux dieux, pour le roi, la santé, et toutes sortes de biens et de prospérités, parce qu'il gouvernait ses peuples avec bonté et justice, et suivait exactement les lois du royaume. Le pontife entrait ensuite dans un grand détail de ses vertus royales ; puis il parlait des fautes que les rois pouvaient commettre ; mais il supposait toujours qu'ils n'y tombaient que par surprise et par ignorance, chargeant d'imprécations les flatteurs et les ministres qui leur donnaient de mauvais conseils. Après la prière et le sacrifice, on lisait au roi, dans les livres saints, les actions mémorables des grands hommes, pour qu'il gouvernât l'Etat d'après leurs maximes, et maintînt les lois qui avaient rendu ses prédécesseurs heureux, ainsi que leurs sujets. (*Historique.*)

Mais, si après avoir entendu ses sages conseils, le prince se sentait disposé à commettre quelque injustice, il ne trouvait que trop, dans sa cour, de lâches flatteurs, qui lui applanissaient le chemin du vice par les plus dangereux sophismes.

La crainte de perdre l'amour du peuple, amour qu'il savait apprécier, arrêtait quelquefois Sésostris sur le point de faire une faute, ou près de se livrer à la fougue de ses passions; un avis sage l'aurait rendu à lui-même dans ces momens où le bon et le mauvais principe se livrent, dans le cœur, de rudes combats; mais loin de lui rappeler la sainteté des engagemens qu'il avait pris envers son peuple, les courtisans lui disaient que les vieilles formules qu'on lui présentait chaque jour pour règle de conduite, tombaient en désuétude; qu'elles ne lui convenaient point; que sa volonté était la loi devant laquelle ses sujets soumis courberaient respectueusement la tête; qu'il ne devait compte de ses actions à qui que ce soit au monde ; que ses lumières le mettaient autant au-dessus des autres hommes, que la suprême puissance dont il était revêtu; que régner sans dominer, n'est qu'un brillant esclavage; qu'un bon prince ne porte point atteinte aux droits de la nation, mais qu'il peut se mettre hors de tutelle pour ce qui le regarde personnellement, et telles autres maximes aussi commodes, qui finirent enfin par corrompre le beau naturel du jeune prince, et qui le rendirent excessivement orgueilleux.

Du vivant d'Aménophis, Sésostris

marcha contre les Arabes, et les vain-
quit ; il subjugua une grande partie de
la Lybie. Ces succès excitèrent son ambition ; ils lui firent naître le désir
d'entreprendre la conquête du monde
entier.

Dans ce dessein, il leva une armée
de six cent mille hommes de pieds,
et de vingt mille chevaux, sans comp-
ter vingt-sept mille chars armés en
guerre. Il mit à la tête de ses troupes
des hommes habiles et pleins de courage,
qui avaient l'estime et l'affection du
soldat.

Parmi les officiers généraux, on dis-
tinguait sur-tout le généralissime, le
brave et vaillant Sahyd, grand capitaine, passionné pour la gloire de son
pays, généreux et plein d'honneur :
sous ses drapeaux, les troupes mar-
chaient à une victoire certaine.

Sésostris commença son expédition
par l'Ethiopie ; il la rendit tributaire,
et il obligea les peuples de lui payer,

tous les ans, une certaine quantité d'ébène, d'ivoire et d'or.

Après une campagne glorieuse, que ses talens et son expérience rendirent aussi utile à la patrie qu'avantageuse au monarque, Sahyd revint à Memphis, où l'éclat de sa réputation l'avait déjà précédé. De nouveaux honneurs l'attendaient dans cette superbe capitale : le généralissime partagea le triomphe de son roi, ainsi que les hommages qu'on lui rendit ; ensuite il alla se reposer de ses fatigues dans une de ses terres.

Il existe partout des hommes malheureusement nés, qui s'attristent du bonheur de leurs semblables, qui voient une satire dans toute louange qui ne les a pas pour objet, et un vol fait à leur droit, dans toute récompense donnée au mérite.

Un de ces hommes vivait à la cour de Sésostris. Ce seigneur, nommé Abutich, d'un esprit ambitieux et ja-

loux, n'ayant aucune des qualités nécessaires pour aller à la fortune par
d'honorables voies, ne parvenait aux
premières charges qu'en culbutant par
de sourdes menées ceux dont les talens
ou les services offusquaient sa vue.
Abutich vit avec chagrin les honneurs
qu'on rendait à Sahyd, ainsi que la
considération dont il jouissait parmi le
peuple ; sans courage, incapable de re-
garder un ennemi en face, Abutich en-
viait au brave général ses lauriers,
mille fois arrosés de son sang. Il le
haïssait d'autant plus qu'il le trouvait
plus irréprochable. Bientôt le hasard
lui offrit l'occasion tant désirée de
l'éloigner de la cour, et de s'enrichir
de ses dépouilles.

Sahyd était arrivé à l'âge de quarante-
cinq ans, sans avoir songé au mariage.
Un violent accès de goutte l'ayant fait
réfléchir, il s'aperçut qu'il n'était plus
jeune ; il souhaita avoir une compagne
douce et tendre, qui, par les charmes

de son esprit, lui fît oublier le fracas
du grand monde, auquel il tenait encore par habitude et par désœuvre-
ment.

Toute sa vie, Sahyd avait fait l'a-
mour à la cavalière. Lorsqu'il s'arrêtait
dans une ville, il allait dans les sociétés
les plus attrayantes, non dans les plus
respectables; sa belle figure, ses manières élégantes lui soumettaient les
coquettes de bonne compagnie; son
extrême libéralité lui gagnait le cœur
des jeunes filles du peuple. Heureux en
amour, Sahyd se persuadait qu'il était
impossible de lui résister, ou, pour
mieux dire, il ne croyait point à la
vertu des femmes. Eh! comment y aurait-il cru? trouve-t-on la chasteté
parmi les plaisirs, ou au milieu des
camps?

Quand le sang se refroidit, la raison
reprend son empire. Sahyd, devenu
sage, voulait donc *faire une fin*, c'est-à-
dire prendre une femme pour avoir un

héritier. Ce choix l'embarrassait beaucoup : personne n'est plus susceptible et
plus difficile en pareil cas, que celui qui
a toujours vécu dans un monde immoral. Sahyd ne chercha sa compagne ni
dans les bals, ni dans les assemblées ;
toute femme dont on vantait la figure
ou les talens, lui était suspecte ; enfin,
après bien des méprises, il rencontra
le trésor qui faisait l'objet de ses vœux.
Assez près du château qu'il habitait
aux environs de Memphis, on voyait
une petite maison de peu d'apparence,
mais d'un aspect agréable, entourée
de terres en valeur, d'un verger et d'un
jardin. Une dame étrangère et sa fille,
retirées dans cette solitude, faisaient
valoir cette jolie propriété. Leur fortune paraissait médiocre ; mais elles
n'avaient point d'ambition, elles n'é-
taient point vaines, et elles se trouvaient heureuses. Sahyd vit Délia (ainsi
se nommait sa jeune voisine) ; elle lui
parut charmante, et il en devint amou-

reux. Lorsqu'il la connut davantage, il l'estima : des talens agréables, un esprit cultivé, un caractère égal, et des vertus sans faste, parurent à Sahyd le complément du bonheur pour un homme de son âge. Il demanda la main de Délia, l'obtint, et il crut avoir la suprême félicité.

La haine ne dort jamais : elle guette sans cesse le moment favorable pour assouvir sa vengeance. Abutich sut par ses espions que Sahyd allait épouser une jeune et belle étrangère ; aussitôt il forma un projet digne du prince des ténèbres. Il se transporta secrètement sur les lieux, pour juger par lui-même si la beauté de la jeune personne était telle qu'on la lui avait dépeinte. Le hasard la lui montra qui se promenait dans ses jardins; il en fut ébloui. Les graces modestes de Délia firent une vive impression sur le cœur d'Abutich; il s'attendrit : il sentait l'influence de la vertu, Mais étouffant ce

premier mouvement de sensibilité nui-
sible à ses desseins, il se hâta de retourner à Memphis. Il fit à Sésostris
un portrait enchanteur de la belle solitaire, et il l'engagea à la voir. Le
monarque hésita d'abord ; il prononça
en bégayant les mots *injustice*, *ingra-
titude*. Abutich n'essaya pas de combattre les scrupules du prince, mais il
parla avec chaleur des charmes de la
belle Délia ; et le roi, qui l'écoutait
avec plaisir, consentit au moins à com-
templer ces dangereux appas.

Le lendemain, Sésostris alla chasser
du côté de la belle Délia. Sûr de ne
pas être connu des dames, il se sépara
de sa suite, et, guidé par Abutich, il
prit le chemin de leur maison. Le roi et
son favori frappèrent à la porte des
étrangères ; ils se dirent de la suite du
prince, et feignirent de s'être égarés à
la chasse. Les deux dames les reçurent
avec réserve, mais aussi avec beaucoup
de politesse.

La visite fut courte ; Sahyd pouvait venir et déranger tout leur plan. Abutich laissa à peine au roi le temps nécessaire pour dire quelques paroles obligeantes à celle qui déjà enflammait ses sens. Pendant cette entrevue, Sésostris avait cherché en vain à faire connaître à Délia que la voir et l'adorer était une seule et même chose ; cette belle personne avait toujours tenu les yeux sur un bouquet qu'elle venait de cueillir. Cet air timide et modeste ne la rendait que plus aimable ; aussi l'amoureux prince la quitta disposé à mettre tout en œuvre pour l'avoir en sa puissance.

Cependant Sésostris fut rêveur tout le temps que dura la chasse : il aurait voulu pouvoir allier ses plaisirs et ses devoirs. Quel moyen prendre pour enlever Délia à l'époux qu'elle avait choisi ? Et quand il y réussirait, comment justifier aux yeux du monde une action aussi odieuse, aussi tyrannique ?

Lorsque le roi fut seul avec son favori,
il lui ouvrit son cœur et lui fit part
de ses inquiétudes. Abutich le rassura ;
il avait tout prévu : il dit au prince
qu'aussi jaloux de la gloire de son souverain que de son bonheur, il saurait
favoriser ses penchans sans porter atteinte à sa réputation ; qu'il le priait
de lui abandonner le soin de cette intrigue , et qu'il jurait de la faire réus-
sir à son gré. Du moment que Sésostris
eut la certitude de ne pas être com-
promis dans cette affaire , il sacrifia
sans peine un ancien et fidèle serviteur
pour une jolie maîtresse. Après quelques légères objections , faites seule-
ment pour la forme, il permit à son
favori de suivre son plan ; et il lui promit, pour prix de son zèle, de le combler de bienfaits.

Les projets d'Abutich étaient beaucoup plus étendus et plus atroces que
ne le soupçonnait le roi : où le prince
ne voyait que l'enlèvement d'une fem-

me, il ne s'agissait rien moins que du malheur de deux familles, et de la perte d'un homme de mérite, dont les talens et le noble caractère pouvaient être très-utiles à la nation. Mais tel est le sort des rois qui se livrent aveuglément à des hommes sans mœurs, avides d'honneurs et de richesses ; ils sacrifient les intérêts des peuples en se privant de leurs véritables amis, et se rendent odieux à force d'injustices, qu'ils feignent de ne pas apercevoir.

Le mariage de Sahyd devait se faire dans quinze jours. Abutich trouva plaisant de séparer les deux époux le jour même de la célébration : il s'arrangea en conséquence.

Il y avait, dans un des ports de la Méditerranée, un vaisseau sur le point de faire voile pour l'Europe. Abutich fit venir chez lui le capitaine du navire ; il lui confia, sous le sceau du secret, qu'à telle époque on enverrait à son bord un criminel d'état ; qu'il devait le jeter dans une île déserte, et qu'il répondrait, sur sa tête, de l'exécution de cet ordre supérieur. Abutich appuya cette injonction d'une forte somme d'argent. Il fit aussi pourvoir le vaisseau de tous les objets nécessaires pour un tel exil. Ces préparatifs prirent à-peu-près autant de temps que ceux du mariage du général.

Enfin le jour arriva où Sahyd allait devenir l'heureux possesseur de la plus aimable des femmes. Il lui jura, à la face des dieux, de lui être fidèle, et il crut, de bonne foi, pouvoir garder son serment. Les fêtes succédèrent à la cérémonie ; une gaîté décente régnait dans le château : chaque convive semblait partager le bonheur du général et celui de sa charmante épouse.

Sur le soir, on se dispersa dans les jardins, où une multitude de lanternes avaient remplacé le jour.

Au milieu de la joie générale, Sahyd

(90)

était sérieux et pensif; le bruit le fati-
guait; il désirait d'être débarrassé de
cette foule d'importuns; un pressenti-
ment funeste s'emparait de son ame;
son cœur se serrait. Dans cette dispo-
sition, il chercha la solitude, et s'assit
à l'écart pour réfléchir. Il fut distrait
de ses pensées par une contestation assez vive qui s'éleva entre deux jeunes
gens. A la suite de paroles offensantes,
ils se donnèrent rendez-vous à quelques pas du château. Sahyd les suivit,
résolu de les séparer si son intervén-
tion devenait nécessaire. En chemin,
pour s'aller battre, les deux jeunes gens
continuèrent de se quereller; ils mar-
chaient toujours, et le général les suivait. Au bout d'un quart d'heure, ils se
trouvèrent auprès d'une chaumière
abandonnée, et ils y entrèrent. Sahyd,
ne croyant point être vu, se glissa dans
la première pièce, afin de paraître à
temps, et d'en imposer à ces furieux;
mais aussitôt qu'il fut dans la salle, la

porte se referma sur lui, et, à la lueur d'une faible lampe, il vit venir une troupe d'hommes masqués qui l'entourèrent. Toute résistance devenait inutile. Ces hommes le lièrent, ils lui mirent un mouchoir sur la bouche, puis ils le portèrent dans un bateau au bord du Nil, pour de là gagner le navire où on l'attendait.

Pendant que les satellites d'Abutich emmenaient l'infortuné Sahyd, d'autres hommes, apostés à dessein, mettaient le feu à la chaumière pour donner le change. Bientôt d'énormes tourbillons de flammes, aperçus de loin, causèrent de vives appréhensions. On courut en foule pour éteindre l'incendie ou pour en arrêter les progrès. Dans ce moment les deux mêmes hommes, dont la feinte dispute avait entraîné Sahyd à sa perte, vinrent jeter l'alarme dans le château : ils assurèrent avoir vu entrer le général dans la chaumière, poursuivi par un assassin armé d'un poignard ; ils croyaient qu'après avoir succombé sous les coups de son ennemi, il avait péri dans les flammes.

Cette fatale nouvelle ayant pris une certaine consistance, on ne douta plus de la mort du brave Sahyd. Sa veuve, en pleurs, se retira dans son appartement, et la tristesse remplaça, dans le château, les plaisirs du jour.

CHAPITRE XXIX.

Le lendemain de l'affreuse catastrophe qui portait la douleur dans l'ame de deux êtres intéressans, on trouva le cadavre d'un homme dans la chaumière incendiée. Il ne resta plus de doute sur la mort du brave général. Le roi lui donna des regrets et des éloges; la belle Délia, vêtue de longs habits de deuil, se déroba au monde, et elle alla s'ensevelir dans une profonde solitude. Là, elle pleura sur le sein de sa mère l'époux qu'elle aimait, et auquel elle n'avait pas même eu la satisfaction de faire connaître ses sentimens.

Le hasard semble quelquefois servir les méchans. Un pâtre s'était endormi dans la chaumière avant que les complices d'Abutich y missent le feu, et il périt dans les flammes. Le corps du berger, méconnaissable, fut pris pour celui du général. On ne douta point que Sahyd n'eût été victime d'une secrète vengeance; mais l'impossibilité de découvrir celui qui l'avait frappé dans les ténèbres, arrêta les poursuites de la justice. Ainsi Abutich recueillit le fruit de son crime sans inquiétude et sans remords. Il remplaça le général dans les charges brillantes que celui-ci occupait, et il se vit bientôt la première personne de l'Etat après son souverain.

La haute faveur dont jouissait Abutich l'enivra. Il oublia à quel prix il l'avait obtenue; mais ses complices s'en souvinrent. Trompés dans leurs espérances, méprisés par celui qui leur devait son élévation, ils se plaignirent; leurs discours revinrent au favori. Alors il songea sérieusement à leur donner la seule récompense digne des scélérats : ils se trouvèrent tout-à-coup enveloppés dans une conspiration, et portèrent leurs têtes sur un échafaud. Tel est le sort de tout homme obscur qui sert d'instrument au crime.

Véritablement amoureux, Sésostris ne voulut pas brusquer sa conquête. Les convenances exigeaient qu'il laissât la jeune veuve pleurer son époux au moins trois grands mois. Ce temps fut encore employé au profit de l'amour.

Ayant quitté le château du général, Délia retourna avec sa mère dans la petite maison qu'elles occupaient avant la funeste catastrophe. D'abord elles vécurent absolument seules. Peu-à-peu elles reçurent dans leur société d'anciens amis, qui partageaient leurs sentimens et leur douleur.

Ces bons amis parvinrent à distraire Délia. Elle consentit enfin à sortir. Dans ces courtes promenades, Sésostris eut le plaisir de la voir sans en être vu.

La contrainte que le prince s'impo-

sait par délicatesse irritait ses désirs ;
chaque fois qu'il voyait Délia , il lui
trouvait plus de charmes : être aimé de
cette belle personne lui semblait la suprême félicité.

En attendant qu'il pût lui dire qu'il
l'adorait, il lui donna mille preuves de
son amour. Soir et matin , une musique céleste se faisait entendre sous
les fenêtres de Délia. Cette musique ,
d'abord tendre et mélancolique , devint insensiblement vive et passionnée.
De belles voix chantèrent des couplets
à la louange de la jeune veuve. Dans
ces vers, on vantait sa beauté , ses graces. On l'invitait à livrer son cœur à
l'amour ; on lui peignait les plaisirs
que l'on goûte en aimant ; on se plai-
gnait de son austère sagesse.

Ne sachant à qui attribuer cette galanterie , Délia jugea à propos , pour
la faire cesser , d'aller dans une terre
à quelques lieues de Memphis : la musique et les couplets galans l'y suivi-

rent. Chaque jour, comme par magie, sa table se trouvait couverte des mets les plus recherchés et des vins les plus exquis. Tous les matins, elle trouvait sur sa toilette une corbeille remplie de parures, qui semblaient être l'ouvrage des fées. Dans tous les instans ses moindres désirs étaient prévenus. On eût dit qu'une troupe de Sylphes épris de ses charmes, se disputaient l'honneur de la servir, et qu'ils lui apportaient les tributs des quatre parties du monde.

Etonnée et piquée d'une poursuite qui alarmait sa vertu, la jeune veuve songea au moyen de se soustraire à celui qu'elle nommait son persécuteur. Elle se ressouvint d'une habitation champêtre, où elle avait été reçue avec franchise et cordialité lors de son arrivée en Egypte ; elle faisait ses préparatifs pour s'y rendre, lorsqu'un des esclaves restés à la petite maison vint en hâte l'avertir que des étrangers

qui s'y étaient établis, demandaient à
la voir. Cette nouvelle inattendue et
fort extraordinaire changea les dispositions de l'aimable veuve : sans plus
réfléchir, elle fit tout préparer pour
retourner à Memphis.

Mais cette maison de peu d'apparence que Délia allait chercher, avait
fait place à un palais d'une architecture
élégante et noble ; les jardins, dessi-
nés par un artiste habile, étaient rem-
plis de statues et de vases d'albâtre
garnis de fleurs qui embaumaient l'air ;
au milieu d'un bosquet de roses s'élevait un temple de marbre blanc, dédié
à Vénus ; la déesse y était représentée
enchaînant l'Amour avec des guirlandes. Les appartemens répondaient
aux dehors de l'édifice ; ils éblouissaient
par leurs richesses ; un demi-jour mystérieux en augmentait la beauté ; toutes
les portes étaient ouvertes ; et des cas-
solettes d'or, où brûlaient des parfums
précieux, faisaient de ce charmant sé-

jour le véritable palais de la volupté.

A cette vue, Délia resta stupéfaite.
« Est-ce un songe, dit-elle à sa mère ?
Quelle puissance a opéré en si peu de
temps une semblable métamorphose ? »

La belle veuve questionna ses esclaves pour connaître l'auteur de ces
changemens, mais ils ne purent l'en
instruire : ils avaient toujours cru, lui
dirent-ils, que ces choses se faisaient
par son ordre, et ils ne s'étaient aperçus du contraire qu'à la surprise qu'elle
avait témoignée en entrant dans le palais. Quant à ceux qui l'avaient député
vers elles, ils s'étaient retirés sitôt
qu'elle avait paru.

Délia voulut voir en détail cette
charmante habitation. Elle examina
attentivement toutes les beautés du palais. La chambre à coucher réunissait
tout ce qui peut plaire à une jeune femme : l'élégance et le bon goût en faisaient le principal ornement. Délia
poussa un soupir mélancolique : Ah !

dit-elle bien bas, cette jolie chambre ornée par mon époux aurait comblé mes vœux !

Lorsque la jeune veuve eut tout vu, elle se tourna du côté de sa mère, et lui dit : « Éloignons-nous, ma mère ; la vertu est ici en danger. » Aussitôt elle partit pour le château du général.

Son auguste amant l'avait encore prévenue dans ce lieu : des meubles d'un goût moderne et très-riches, des tentures magnifiques, des embellissemens sans nombre, donnaient à cet antique château une face riante et toute nouvelle. En y entrant, Délia leva les yeux au ciel, et elle serra la main de sa mère : « Retournons, lui dit-elle, avec ces honnêtes paysans que nous avons quittés pour venir à la ville ; dans ces campagnes ignorées j'étais bien : l'air de Memphis et de ses environs me paraît corrompu. »

Cependant les dames avaient besoin d'un peu de repos ; il fallait rester au

moins pour une nuit ; et cette nuit
amena la réflexion. La mère de Délia
fit la remarque que celui qui, en si
peu de temps, avait fait construire un
palais, aurait le pouvoir de les suivre
dans les lieux sauvages où elles voulaient aller ; qu'une galanterie si noble
n'annonçait pas une âme commune ;
que Délia n'avait rien à craindre d'un
amant capable de se priver, par respect pour sa vertu, du plaisir de la
voir et de l'entretenir. La jeune veuve,
moins confiante, pensait que la fuite
seule pouvait la sauver ; mais toujours
soumise, elle se rendit aux désirs de sa
mère, et il fut décidé qu'on resterait
dans le château.

Sur ces entrefaites, une parente d'A-
butich s'établit dans le voisinage de la
jeune veuve, et elle lui rendit visite.
Cette dame, nommée Mélanide, liée
étroitement avec son cousin, était entrée dans ses vues au sujet de Délia.
Elle se flattait que par son adresse,

elle acquerrait des droits à la reconnaissance du monarque, et qu'elle humaniserait sa sauvage maîtresse ; dans ce dessein elle était venue se loger près d'elle.

Mélanide avait un esprit souple et insinuant, très-propre au rôle qu'elle voulait jouer. A la fleur de l'âge, jolie, aimable, elle était encore affectueuse et caressante. Ayant au fond une morale très-commode, elle savait prendre au besoin le langage de l'austère sagesse. Elle parlait religion avec les dévots, de manière à les édifier eux-mêmes ; aux jeunes filles, en présence de leurs mères, elle prêchait la retraite et la modestie ; tête-à-tête avec elles, elle interrogeait leur cœur, excusait leurs faiblesses, et leur peignait le plaisir sous les traits les plus séduisans. Les femmes revenues des passions l'estimaient ; les jeunes l'aimaient à l'égal de leurs amans ; les hommes, sans être dupes, recherchaient sa société et lui témoignaient des égards.

Une fois introduite chez la jeune veuve, la dangereuse Mélanide parvint aisément à gagner sa confiance. En lui ouvrant son cœur, la douce et candide Délia crut lui rendre amitié pour amitié : séduite par de feints empressemens, de feintes caresses, elle se livra sans réserve à cette fausse amie, qui méditait une trahison, et qui, sans pitié pour tant de vertu, tant d'innocence, ne pensait qu'à la faire servir à sa fortune et à celle de son cousin.

En peu de temps les dames devinrent inséparables : lorsque Mélanide n'était pas chez Délia, Délia était chez Mélanide. Bien instruit, Sésostris se rendit *incognito* chez la parente d'Abutich. Là, après avoir déposé la majesté royale, cherchant à plaire par sa bonne mine et les graces de son esprit, il eut le plaisir de voir très-souvent et d'entretenir Délia. Dans ces conversations familières, où l'homme aimable se montrait seul, Sésostris découvrit dans sa maîtresse des qualités bien au-dessus d'un beau visage; mais, s'il fut à même d'apprécier l'esprit solide et l'excellent cœur de Délia, il acquit aussi la certitude que rien dans le monde ne la ferait manquer à la vertu. Dans plusieurs tête-à-tête, ménagés avec art par Abutich et sa cousine, Sésostris parla en vain de sa passion; d'abord on feignit de ne le pas comprendre; ensuite on lui répondit avec une franchise désespérante pour tout autre que pour un prince rempli de lui-même.

De son côté, Mélanide ne restait pas oisive : elle sapait les fondemens de sagesse de son amie, en condamnant sa morale, et en se moquant de ses scrupules. Sésostris, sous un nom étranger, était souvent le sujet de leurs conversations. Mélanide forçait Délia de convenir qu'il était aimable; mais lorsqu'elle lui demandait s'il lui plaisait, la jeune veuve répondait toujours négativement, Mélanide abandonnait l'éloge du bel inconnu, pour faire celui du roi. Ah! mon amie, lui disait-elle, quel prince que Sésostris! grand conquérant, sa renommée vole sur tout le globe; l'univers tremble devant lui; ses ennemis le redoutent, et son peuple l'adore. Il possède des trésors immenses et une puissance sans bornes. Si l'illustre Sésostris brûlait pour vos charmes, peut-être qu'une conquête si brillante aurait quelque prix à vos yeux. — Ma chère Mélanide, répondait Délia avec modestie, le grand Sésostris, du haut de son trône, n'abaissera pas ses regards sur sa sujette; mais si mon malheur voulait qu'il me trouvât à son gré, je vous jure, du fond du cœur, que moins éblouie de son rang, qu'effrayée de son hommage, je fuirais jusqu'au bout de la terre pour me soustraire à ses regards. »

Une vertu si vraie laissait peu d'espérance de la réduire. Cependant Mélanide continua de vanter tour-à-tour l'inconnu et le roi. Le premier plaidait sa cause lui-même, sans en être plus heureux; quant au prince, Délia l'oubliait aussitôt que son amie cessait d'en parler.

Les jours et les mois s'écoulaient sans apporter aucun changement dans les dispositions de Délia. Le roi, amusé d'abord par le mystère de ses amours; ensuite piqué au jeu, et voulant vaincre la rebelle, avait supporté patiemment les dédains de la fière Délia; mais peu accoutumé à la résistance, il songeait à abandonner la poursuite de cette beauté farouche, lorsqu'à la sollicitation d'Abutich et de sa cousine, il résolut de se faire connaître, afin de voir si la vanité, qui a tant de pouvoir sur les ames communes, ferait sur celle de Délia son effet ordinaire.

Un jour que la jeune veuve était chez son amie, on entendit tout-à-coup les pas d'un grand nombre de chevaux; en même temps les gardes de Sésostris entrèrent dans la cour, et l'on annonça le roi. Mélanide, jouant la surprise, s'empressa d'aller à la rencontre du monarque : elle entraîna sa jeune amie, qui, sans savoir pourquoi, craignait de voir le prince.

Mais que devint la timide Délia, lorsqu'elle reconnut, dans celui qu'un cortège imposant et nombreux entourait, dans Sésostris enfin, ce même étranger qui lui avait déclaré sa passion! Le roi, vêtu d'habits magnifiques, avait un air de grandeur et de majesté qui imprimait le respect. Il descendit de cheval, salua gracieusement Mélanide; puis, présentant la main à Délia, il la conduisit dans le salon, et la fit asseoir à ses côtés, pendant qu'Abutich et Mélanide se tenaient, par respect, à une certaine distance.

La belle veuve, assise auprès du monarque, tenait les yeux baissés; elle respirait à peine; le roi, qui s'aperçut de son trouble, lui dit avec douceur : « Rassurez-vous, madame ; c'est moi qui doit trembler dans la crainte de vous déplaire. Sous le voile de l'*inco-gnito*, j'ai connu les agrémens de votre esprit et l'élévation de votre ame ; une plus longue feinte serait indigne de vous et de moi : en vous voyant tous les jours, j'alimente une passion qui peut faire le malheur de ma vie. Je veux savoir enfin le sort que vous réservez à ma tendresse, et si l'amour que j'ai puisé dans vos yeux doit embellir mon existence ou me préparer d'amères douleurs.....»

Pendant le discours du roi, Délia était vivement émue : invariable dans ses principes, elle craignait qu'un refus positif n'offensât l'orgueilleux monarque. Enfin élevant une voix timide : « Le grand Sésostris, dit-elle, a pu vouloir se délasser du poids de sa couronne, en employant une ruse innocente, où il devait paraître avec tous ses avantages ; mais lorsqu'il lui plaît de se faire connaître, il reprend à nos yeux son auguste caractère et impose silence à nos sentimens. »

— Cette réponse m'afflige, reprit le roi : elle ne saurait me tromper. Non, madame, vous ne m'aimez pas... Que dis-je, peut-être je vous suis odieux!..

— Arrêtez, sire, interrompit Délia; moi, vous haïr ! cela est-il possible!... L'éclat de votre trône m'avertit que l'univers vous reconnaît pour maître, et vos brillantes qualités m'inspirent autant d'étonnement que d'admiration.

— Ah! dit le roi avec un soupir, le bonheur ne suit pas toujours un char de triomphe! en vain mes nombreuses armées, répandues en cent lieux, soumettent à mon empire les peuples sauvages et civilisés ; en vain, des rois captifs, vaincus par moi, forment ma cour; c'est assez pour ma gloire; c'est trop peu pour mon cœur... J'ambitionne une conquête plus flatteuse, celle d'une femme jeune et belle, qui m'aime pour moi, et auprès de laquelle j'oublie les soucis inséparables de la royauté. Adorable Délia, s'écria le prince, en mettant un genou en terre, et saisissant une des mains de la jeune veuve, consentez à mon bonheur !... Dites-moi, je vous en conjure, que je ne vous suis pas indifférent !...

En prononçant ces mots, Sésostris jeta sur Délia des regards passionnés; il couvrit d'ardens baisers la belle main qu'il tenait dans les siennes. L'impétuosité du prince alarma la pudeur de la jeune veuve; elle retira sa main précipitamment. « Sire, dit-elle au roi, en lui montrant ses habits de deuil, je pleure encore mon époux, et vous me parlez d'amour ! — Vous êtes libre, madame. — Mon cœur ne l'est pas : j'ai juré d'être fidèle à la mémoire de Sahyd. — A votre âge ce vœu est téméraire. — Il assure mon repos. — De grâce, ne m'ôtez pas l'espérance; peut-être que la constance de mon amour touchera enfin votre cœur. » Délia ne répondit point : le roi interpréta ce silence à son avantage. Ne jugeant pas à propos de pousser plus loin la conversation, il se leva pour s'en aller : « Adieu, madame, lui dit-il, en lui baisant respectueusement la main ; je vous quitte à regret, mais pour ne m'occuper que de vous : croyez que Sésostris ne saurait aimer faiblement. » Le prince salua encore la jeune veuve ; puis, ayant rejoint sa suite, il monta à cheval et disparut.

Retournée dans son appartement, Délia réfléchit à la visite du prince. Elle repassa dans sa mémoire toutes les circonstances qui l'avaient précédée, et elle y vit un plan de séduction qui l'épouvanta. Elle se reprocha de n'avoir pas fui avant que le roi ne se fût déclaré, et d'avoir paru encourager son amour en acceptant ses dons ; mais comment les aurait-elle refusés ? tout conspirait contre elle : une mère crédule et aveugle, dont elle respectait

les avis, un courtisan perfide qui l'en-
laçait dans ses piéges, une femme
adroite et dangereuse, et des esclaves
corrompus : car il lui était facile de voir
que toute sa maison, séduite par l'or
de Sésostris, exécutait les ordres du
monarque : si je restais davantage, se
dit-elle à elle-même à la suite de ses
réflexions, je deviendrais leur complice,
et je serais responsable des dangers qui
me menacent. Un plus long retard
m''exposerait à de nouveaux désagré-
mens ; un jour de plus, peut-être, rendrait ma fuite impossible. Evitons, par
un brusque départ, les dangereuses
insinuations de Mélanide : hélas! je la
croyais mon amie!... Evitons la présence du prince; c'est mon souverain,
je ne dois ni l'écouter, ni le braver.

Ferme dans cette sage résolution,
Délia en fit part à sa mère; elle la
trouva disposée à seconder ses vues.

Or il y avait, dans un village voisin,
des marchands arabes qui, ayant ap-

porté à Memphis du charbon, de la
gomme, des amandes, et pris en
échange du lin, du papier, du blé, des
voiles et des câbles pour les vaisseaux,
s'en retournaient en Lybie. L'occasion
parut favorable à la jeune veuve : ses
esclaves lui était devenus suspects,
elle se décida, pour mieux dérober sa
marche, à partir seule avec sa mère, et
à n'emmener qu'un seul domestique,
dont elle connaissait la fidélité. En
conséquence de cet arrangement, elle
envoya chercher Husseim, chef de la
caravane. L'Arabe l'étant venu trouver
en secret, lui promit, sur sa tête, de la
conduire sûrement, ainsi que sa suite,
chez les pasteurs lybiens où elle voulait se rendre.

La jeune veuve ôta la bandelette ornée de pierreries qui attachait les tresses
de ses cheveux, et elle les laissa tomber négligemment sur ses épaules; elle
remplaça, par une robe de lin, blanche
comme la neige, le tissu de soie dont

elle était vêtue; elle quitta de même sa riche chaussure, ses bracelets, ses pendans d'oreilles, ses bagues, d'un prix inestimable, et s'enveloppa d'un grand voile. Elle prit ensuite la cassette qui renfermait son or et ses bijoux; puis, pendant que tout le monde dormait dans le château, elle monta avec sa mère dans une litière, que son fidèle serviteur lui avait préparée, et elle prit le chemin de la tente d'Husseim.

L'aurore venait de paraître; un profond silence régnait partout; on n'entendait que les ibis qui, cherchant leur proie, voltigeaient en troupes sur la surface des eaux. Délia était grave et pensive : la bizarrerie de sa destinée, l'incertitude de son sort, sa fuite à cette heure, l'espèce d'abandon où elle se trouvait, étrangère et sans appui, tout enfin, dans ce moment solennel, l'affectait vivement : quelques larmes silencieuses coulèrent sur son charmant visage.

Lorsqu'elle fut loin de Memphis, et que le jour lui permît de distinguer les objets, elle ne vit pas sans plaisir l'agréable coup-d'œil qu'offrait la multitude des maisons, les habitations délicieuses, bâties sur les bords du Nil, et les riches gondoles qui couvraient le fleuve. L'air pur et frais de la campagne ranima ses esprits; le soleil, qui dorait l'horizon, et semblait l'embrâser de ses feux, frappa son ame d'admiration. Ce beau spectacle dissipa sa tristesse et changea le cours de ses idées. Contente d'avoir rempli son devoir, elle s'applaudit intérieurement d'avoir eu le courage d'éviter une lutte qui n'était pas sans péril pour elle : car la vertu la plus ferme n'est pas toujours sûre de vaincre. Elle compara ensuite les plaisirs faux d'une cour brillante, avec le bonheur tranquille et vrai qui l'attendait dans les montagnes de la Lybie, et son cœur se rouvrit à l'espérance. Elle était dans ces dispositions, lorsqu'elle arriva à la

tente d'Husseim, où elle prit un peu
de repos. Le lendemain, au point du
jour, la caravane se mit en marche.

Aux approches de la nuit, Husseim
fit dresser les tentes dans un bois de
palmiers, où se trouvaient un gazon
touffu et quantité de basskams qui
embaumaient l'air.

Le second jour, la caravane arriva
près du château d'un riche égyptien.
Husseim quitta son monde, et alla en
avant afin de procurer aux dames l'en‐
trée de cette maison, qu'on n'accordait
qu'avec peine. Tout-à-coup des voleurs
sortirent de derrière le mur ; ils se je‐
tèrent sur la petite troupe, qui fit un
instant bonne contenance. Beibeth,
chef des brigands, s'approcha de la li‐
tière où étaient les dames ; il souleva
leurs voiles, et trouva Délia fort belle,
malgré la frayeur dont elle était saisie.
Sur un signe qu'il fit, ses gens enve‐
loppèrent la chaise et l'esclave qui la
conduisait ; ils s'emparèrent de la riche

cassette ainsi que du bagage. Ils se disposaient à emmener les dames avec
leur prise, lorsque Husseim, s'étant
aperçu de ce qui se passait, revint sur
ses pas et fit changer la scène. Ce chef
d'Arabes, extrêmement courageux, et
auparavant brigand lui-même, était
fort connu dans la Lybie. Redoutable
aux étrangers par son extrême valeur
et son amour pour le pillage, il était
avec ses amis humain et généreux : celui qui se mettait sous sa protection,
non-seulement n'avait rien à en craindre, mais encore il était sûr d'être dé-
fendu contre toute espèce d'insulte.
C'était la connaissance de cette singulière probité arabe qui avait décidé la
jeune veuve à prendre Husseim pour
protecteur et ses gens pour escorte :
« Arabes, dit Husseim aux voleurs,
vous avez dépouillé des personnes con-
fiées à ma garde, et dont je réponds
sur ma tête ; des voyageurs avec lesquels j'ai mangé, qui ont dormi sous

ma tente et qui sont devenus mes frères!.... Je ne pourrai donc plus rentrer sous cette tente; je n'oserai plus me montrer dans mon camp; il faut que je renonce au plaisir de revoir ma femme et d'embrasser ma jeune famille.... Arabes, ôtez-moi la vie, ou rendez-moi mes frères et tout ce qui leur appartient. » L'air menaçant, la contenance ferme de Husseim, et surtout les préparatifs que faisaient ses gens pour recommencer le combat, firent impression sur les voleurs; ils rendirent la cassette et les autres objets qu'ils avaient pris, et ils s'éloignèrent des dames, dont Husseim confia la garde aux plus valeureux de sa troupe; ensuite les voleurs et les volés s'étant réunis, s'assirent en rond, puis mangèrent ensemble du pain, des dattes, des oignons, du raisin et des figues.

Après le départ des voleurs, Husseim conduisit la tremblante Délia et sa mère dans la maison du riche égyptien; elles y furent reçues avec égards. Husseim campa avec sa troupe au milieu de la plaine.

Le reste de la route n'eut rien de remarquable. En peu de temps on arriva dans le beau vallon, objet des désirs de la jeune veuve.

Les vertueux époux, avec lesquels Délia voulait vivre, Chibili et Asna, âgés de soixante-dix ans, s'étaient toujours aimés. Ils avaient vu couler leurs jours dans la paix de l'ame et l'innocence du cœur. Des mœurs pures, une vie simple, uniforme, leur donnaient une santé florissante ; leur taille était haute et droite, leurs têtes avaient un caractère de noblesse et d'expression, qui annonçait leur indépendance et leur bien-être. Respectés, honorés, chéris de leur famille, le passé était pour eux sans remords, le présent ne leur offrait que de douces jouissances, et l'avenir la récompense promise à la vertu.

Au moment où la caravane s'ar-

rêta, les deux respectables vieillards,
assis à l'ombre d'un *alté*, s'entrete-
naient des merveilles de la nature et
des bienfaits de l'Etre suprême. Ga-
rantis de l'ardeur d'un soleil brûlant
par des groupes d'arbres toujours verts,
voyant autour d'eux des champs de riz
à perte de vue, des troupeaux sans
nombre bondir dans de vastes prairies,
d'immenses vergers en plein rapport,
enfin tous les biens que l'on peut attendre d'une culture facile, d'un printemps éternel, et d'une fertilité sans
cesse renaissante, un sentiment naturel d'amour et de reconnaissance élevait leurs ames vers le grand tout! Ils
l'adoraient ensemble; ils lui demandaient, pour dernière faveur, de ne pas
survivre l'un à l'autre.

En descendant de leur chaise, les
dames se plurent à contempler le charmant paysage qu'offrait la surface entière du pays : ici, du blé s'élève; là,
ce sont des végétaux et toute sorte de

verdure, des orangers, des limons et d'autres fruits qui embaument l'air, des melons et des cannes à sucre; partout l'abondance et la richesse.

Délia admirait encore les belles possessions du pasteur lybien, lorsque plusieurs bergers passèrent auprès d'elle en jouant de la flûte et du hautbois; elle les appela, et ils la conduisirent à la tente de leur maître.

CHAPITRE XXX.

Délia fut très-bien reçue de ces bonnes gens : une joie naïve brillait dans leurs yeux : ils paraissaient surpris et charmés de la revoir. Sous cette tente rustique, on ignorait l'usage des complimens d'étiquette, des louanges flatteuses, mais l'amitié y était sincère, vive, animée ; les soins officieux, la douce bienveillance, les tendres égards avaient leur source dans le cœur : là, point de détour à craindre, point d'arrière-pensée, point de feintes caresses : la bouche était l'interprète des sentimens, et la figure en avait l'expression. Touchante simplicité, charmante franchise, quelle qualité vous est préférable ! Et qui peut se plaire où vous n'êtes pas !...

Par l'ordre du pasteur arabe, ses esclaves servirent aux dames du riz, du melon, des figues et du vin de palmier. Après ce léger repas, Délia, s'adressant à ses hôtes, leur dit : « Respectable Chibili, douce et bonne Asna, mon cœur me ramène dans vos bras. J'ai préféré vos campagnes, où règne l'innocence, à la pompe des cours, où tout est faux et trompeur. Je vivais heureuse dans l'obscurité, lorsque la fortune bizarre parut me sourire ; le flambeau de l'hymen s'alluma pour moi ; mais un même jour fut témoin de mes sermens et de mes larmes : la mort ou plutôt la vengeance m'enleva mon époux au milieu des plaisirs et des fêtes. Poursuivie par l'amour d'un grand prince, restée sans protecteur, n'ayant que mes larmes à opposer à son pouvoir, j'ai préféré la fuite à la honte, sûre de trouver sous votre tente la protection dont j'ai besoin, et dans vos conseils un guide qui ne peut m'égarer. »

« Ma fille (madame, permettez-moi ce nom), ma fille, répondit Chibili, en vous dévoilant les piéges tendus pour vous faire tomber, l'Etre suprême vous a regardée dans sa bienveillance : une liaison coupable, même avec un monarque, n'est qu'opprobre et infamie : couverte de pourpre, chargée de diamans, la maîtresse d'un roi n'est qu'une *vile courtisanne*..... Pardonnez cette expression à ma franchise ; mais c'est ainsi que nous pensons dans notre champêtre asile. A une si grande distance, nos yeux ne sauraient être éblouis par l'éclat des honneurs et des richesses ; nous voyons le vice dans toute sa difformité, malgré la pompe qui l'environne. Loin d'être digne d'excuse, le monarque qui se sert de sa puissance pour faire impunément le mal et satisfaire ses passions, nous semble plus pervers et plus dangereux que le dernier de ses sujets que les lois peuvent atteindre ; de même la femme, que l'or où la vanité séduit , nous paraît plus méprisable que celle qui cède à l'amour. — Telle a toujours été ma manière de voir, reprit Délia ; je vous le prouve aujourd'hui. »

Les deux époux donnèrent à la jeune veuve les éloges que méritaient sa sagesse et son courage ; ensuite Asna la pria de lui faire la description de la superbe Memphis ; je voudrais, ajouta-t-elle, me faire une idée exacte de cette grande ville ; tout ce qu'on en rapporte de merveilleux excite mon admiration et ma curiosité. « Ma mère , répondit Délia , ce serait en vain que j'essaierais de remplir votre attente : qui n'a pas vu Memphis ne peut se former une idée de sa magnificence, de ses fêtes et de son luxe. Memphis est environnée de hautes murailles de fer et de cuivre ; elle a soixante-dix portes de fer et de superbes édifices, où sont prodigués les granits, les jaspes, les métaux précieux, les statues, les peintures, chefs-d'œuvre de l'art. Son commerce seul prouve sa richesse : les épiceries, l'encens, les aromates, les parfums, l'or, les perles et les pierres précieuses lui viennent de l'Inde par la mer Rouge; les Phéniciens et les Tyriens lui envoient la pourpre et l'écarlate, les riches étoffes, les meubles somptueux, les tapisseries et les ouvrages d'un travail recherché. Le Nil, source d'abondance et de fertilité, offre un coup-d'œil qui enchante : on y voit des maisons flottantes, à plusieurs étages, dorées en dedans et en dehors, où le roi et les grands vont prendre le frais; on admire la variété d'une multitude d'élégantes gondoles et de jolis bateaux qui servent aux habitans pour se promener sur le fleuve; enfin, la nature et l'art se disputent l'avantage d'embellir cette ville, la plus belle et la première du monde. »

Le lendemain, avant le lever du soleil, Chibili et Asna se rendirent au bois sacré pour offrir leurs hommages à l'Etre suprême. Délia les y suivit. La famille du pasteur s'était rassemblée dans ce lieu, au nombre de quarante personnes. Dans cette enceinte, formée d'arbres hauts et touffus, il y avait une statue de Jupiter, représentant l'auteur de la nature, la divinité par excellence. Plus loin, on voyait l'emblême d'Osiris, c'est-à-dire le soleil ou la Providence : c'était un œil au bout d'un sceptre. Isis, la lune, ou plutôt la terre, avait aussi sa représentation. Hors des limites réservées aux objets du culte, était une statue antique, entourée de guirlandes de fleurs ; Asna la fit remarquer à la jeune veuve. « C'est, lui dit-elle, Méroès, demi-dieu et roi-pasteur, un des ancêtres de Chibili. Ces rois régnèrent sur l'Egypte deux cent soixante ans ; ils en furent chassés par Amosis, l'an du monde 2179 ; depuis cette époque, leurs descendans se sont retirés dans ces vallons. Les princes qui leur

ont succédé les ont vus sans crainte : la
vie pastorale, qui procure les biens véritables, ne fait ni ambitieux, ni rebelle.
Nous acquittons les taxes auxquelles
nous sommes imposés; ce tribut payé,
nous régnons véritablement, puisque,
avec l'indépendance, nous possédons
les cœurs de ceux qui nous entourent. »

Pendant le discours d'Asna, les serviteurs et les esclaves s'étaient réunis à la famille ; le soleil commençait
à darder ses rayons à travers le feuillage. Alors tous les assistans, proster-
nés vers l'astre du jour, entonnèrent
un hymne pieux en l'honneur d'Osiris
et d'Isis; ensuite, de jeunes filles chantèrent seules, accompagnées du sistre
et de la harpe ; puis le chœur recom-
mença l'invocation. L'hymne étant
fini, Chibili, placé sur une éminence,
à la tête de sa famile, éleva la voix :
« O soleil, dit-il, toi qui vivifie la nature, verse sur nous tes bienfaits. »
Puis, regardant les cieux, il s'écria :

« Auteur de l'ordre admirable qui règne dans l'univers, toi qui as fait le soleil, toi dont j'ignore le nom, être incompréhensible que j'adore, toi qui soutiens les astres dans l'espace, qui prescris des bornes à la mer, qui nous fais penser et sentir, Dieu puissant ! rends-nous dignes de toi ; épure nos cœurs, et protège notre faiblesse. » Chibili s'étant arrêté, les assistans répétèrent la même prière. Alors toute l'assemblée se leva, et un petit enfant, symbole de l'innocence, apporta des couronnes à la jeune veuve ; elle les plaça sur les statues d'Osiris et d'Isis. C'était un honneur qu'on faisait à Délia, comme étant étrangère, mais c'était aussi une sorte d'initiation : dès ce moment elle put se croire de la famille du noble pasteur, et en être regardée comme fille adoptive.

Après quelques jours de repos, Délia désira connaître le pays qu'elle allait habiter. Tous les matins, conduite

par le pasteur, elle visitait une partie
de ces belles vallées, sans jamais fati-
guer sa vue, sans même s'apercevoir
qu'elle revenait sur le même terrain,
tant la variété des objets et les situa-
tions pittoresques des lieux trom-
paient ses sens, et lui procuraient à
chaque promenade un plaisir toujours
nouveau.

Un jour qu'un petit vent frais tem-
pérait la chaleur naturelle du climat,
Chibili fit monter la jeune veuve sur
une éminence d'où elle pouvait découvrir le désert de la Lybie. Délia
n'avait vu jusqu'alors qu'une culture
soignée et une végétation hâtive ; quelle
fut sa surprise en jetant les yeux sur
un amas de sable et de pierres, séjour
d'une sécheresse perpétuelle et d'une
aridité brûlante, dans lequel il n'existe
pas un atôme de terre végétale ! Aucun chemin, aucun sentier ne s'offrait
au voyageur ; les traces des pas y
étaient aussitôt effacées, et des flots

de sable, soulevés par des vents impétueux, menaçaient d'engloutir l'homme assez hardi pour s'engager dans cette
mer de poussière flottante. « Ah ! s'é-
cria Délia d'un ton mélancolique, il
semble que la nature épuisée par les
bienfaits qu'elle a répandus à pleine
main sur l'Egypte, s'est arrêtée au bord
de ces déserts : quelle affreuse solitude ! quelle triste stérilité ! Au milieu
de ces campagnes arides et sauvages,
on n'aperçoit d'autre diversité que des
montagnes de rochers nues et d'épou-
vantables précipices.... Sur ces espaces
raboteux, aucune plante ne récrée de
sa verdure la vue fatiguée, aucun arbre
ne présente un abri pour se garantir
des ardeurs du soleil !... »

Au moment même où la jeune veuve
faisait cette exclamation, elle aperçut
un spectacle à-la-fois terrible et imposant, qui lui ôta l'usage de la parole : à
l'ouest et au nord, mais à une certaine
distance, s'élevèrent du sein de ces

immenses plaines un grand nombre de
colonnes de sable, qui tantôt couraient
avec une prodigieuse rapidité, tantôt
s'avançaient avec une majestueuse len-
teur ; plusieurs se perdirent dans les
nuages, d'autres, s'étant brisées, se
dispersèrent dans l'air et l'obscurcirent.
Onze, dont chacune avait environ dix
pieds de diamètre, s'avancèrent rapi-
dement ; puis, le vent ayant changé,
elles se rompirent tout-à-coup, et l'on
entendit un bruit semblable à celui de
plusieurs coups de canon. L'étonnement, l'effroi, l'admiration, suspen-
daient toutes les facultés de Délia :
elle restait immobile à la même place,
et regardait encore bien que le phénomène fût tout-à-fait dissipé. Chibili,
craignant pour elle les suites de la vive
impression qu'elle venait d'éprouver,
lui donna le bras, et la fit descendre
du côté opposé à celui par où ils étaient
venus.

Quel coup-d'œil enchanteur s'offrit

à elle! Avec quelle volupté elle marcha, par une pente douce et facile, à
travers mille berceaux formés des mains
de la nature! avec quel ravissement elle
contempla des troupeaux de toute espèce, qui contribuaient à diversifier
les points de vue, et qui animaient cette
riche et verdoyante colline; ces bocages
de palmiers sous lesquels se mariaient
l'oranger, le sycomore, l'oponcia, le
bananier, l'acacia et le grenadier. La
froide main de la symétrie n'avait point
aligné ces jardins naturels; tout y semblait jeté au hasard : l'oranger et le ci-
tronnier entrelaçaient leurs rameaux,
et la grenade pendait à côté du coros-
sol. En approchant de la plaine, ces
bosquets étaient entourés, à perte de
vue, par des champs couverts de doura
déjà mûr, de cannes à sucre près d'être
recueillies, de blés, de lin, de treffles,
qui tapissaient de velours vert les ger-
çures du sol que l'inondation avait
laissées.

Délia, enchantée, avançait à pas lents, comme si elle eût craint de perdre de vue ce riant tableau ; une jolie tourterelle vint se placer sur son épaule et se laissa prendre avec la main ; la jeune veuve lui fit mille caresses. « Deviens ma captive, charmante tourterelle, lui dit-elle en la baisant, j'adoucirai ton esclavage autant qu'il me sera possible. — Ma fille, reprit Chibili, vous devez l'aimer : comme vous, elle est douce et fidèle. Mais, ajouta-t-il, vous pouvez jouir du plaisir d'apprivoiser ces aimables oiseaux sans les tenir en cage ; ici on ne les inquiète jamais, ils sont accoutumés à la présence de l'homme et ils ne fuient point. »

Chibili parlait encore, lorsqu'au milieu d'un groupe de sycomores, dont les branches surbaissées procuraient une ombre extrêmement fraîche, Délia vit une tente ouverte de toutes parts sur des taillis d'orangers et de jasmins : « Ah ! s'écria Délia avec admiration,

peut-on rien voir de plus séduisant que
ce beau paysage? Sans doute les maîtres
de cette riche campagne habitent cette
tente ; qu'ils sont heureux ! Mon père,
ne les verrons-nous pas ? — Ma fille,
répondit Chibili, je vais vous y conduire. Le laboureur à qui appartiennent
les belles collines que nous venons de
parcourir est mon frère ; son grand âge
le retient chez lui, et l'empêche de venir à la prière du matin avec le reste
de la famille, c'est pourquoi il vous
est inconnu. »

En achevant ces mots, Chibili entra
dans la tente, et présenta la jeune veuve
à son frère, nommé Certos ; sa femme,
Mycérines, était près de lui et filait du
lin. Délia fut surprise de l'aisance pleine
de noblesse avec laquelle les deux
époux la reçurent : on eût dit qu'ils vivaient habituellement dans les sociétés
les plus choisies du beau monde. Ces
manières simples et distinguées, de-
viennent naturelles aux personnes qui

sont nées dans une classe supérieure, riche et indépendante ; au contraire, les manières communes, une liberté grossière, où une soumission rampante, annoncent la basse naissance, la misère et l'esclavage.

De même que Chibili et Asna, Certos et Mycérines étaient de haute taille ; leurs têtes avaient un grand caractère ; leurs belles figures, leur air respectable, inspiraient une sorte de vénération, tandis que leur douceur et leur bonté attiraient la confiance.

Au bout de quelques instans, d'une conversation, que la longue expérience et les lumières des deux vieillards rendaient très-intéressante, Délia s'écria : « Quel Dieu favorable m'a inspiré de venir en Lybie ! C'est ici véritablement le séjour des ames vertueuses ; elles y jouissent d'un bonheur sans mélange !.. Après la perte que j'ai faite, je ne forme plus d'autre vœu que celui de passer mes jours dans ces délicieuses solitudes, et avec des mortels chéris des dieux, tels que les deux respectables couples qui m'ont accueillie avec tant de bienveillance. — Ma fille, lui répondit Chibili, lorsqu'on sait comme vous apprécier les vrais biens et suivre d'un pas ferme le sentier de la vertu, on trouve dans les champs des jouissances toujours nouvelles : oui, vous serez heureuse parmi nous, parce que votre ame est pure et que le malheur vous a éprouvée. »

Laissons un moment Délia dans ses montagnes où elle est bien, et retournons à Memphis pour voir l'effet qu'a produit son départ précipité.

CHAPITRE XXXI.

LE lendemain, Mélanide, impatiente d'apprendre l'effet qu'avait produit la visite du roi sur Délia, se rendit de bonne heure au château; elle trouva tout le monde en alarmes : on venait de s'apercevoir de la fuite secrète et précipitée de la jeune veuve. A cette nouvelle, le mécontentement de Mélanide fut égal à sa surprise : toutes ses manœuvres se trouvaient déjouées par ce départ; ses espérances de fortune s'évanouissaient. C'est ainsi que la candeur confond quelquefois la ruse et l'artifice, en ne leur opposant que les règles simples, mais invariables, du devoir et de la saine morale.

De retour chez elle, Mélanide fit aussitôt avertir son cousin, afin de se concerter avec lui sur le parti qu'ils

avaient à prendre dans cette circonstance. Abutich s'emporta jusqu'à la
violence ; il jura de se venger tôt ou
tard de la prude qui lui jouait ce tour ;
dans sa colère, il lui donna les noms
les plus odieux. En parlant ainsi, il
marchait avec une extrême agitation :
il se voyait disgracié, perdu dans l'esprit du prince.... Enfin il se calma.
Après plusieurs expédiens adoptés et
rejetés tour-à-tour, il s'arrêta à celui
d'offrir sa propre sœur au monarque.
Abutich savait qu'à la cour la faveur
tient lieu de talens et de vertus ; que ces
dernières ne sont que de convention ;
que la pratique en est renvoyée dans la
classe bourgeoise. Comme il n'avait
aucun mérite personnel, il ne craignait
rien tant que de voir diminuer son cré-
dit ; et il était sûr de l'augmenter en
donnant sa sœur au prince, auquel il
saurait faire valoir à propos cette
preuve d'un sincère attachement pour
sa personne, preuve dont il attendait

la récompense. D'ailleurs, il serait le conseil et le guide de sa jeune sœur, bien plus facile à diriger, bien plus disposée à agir dans son intérêt que la fière Délia, qui eût aimé le prince pour lui-même, déjoué les intrigans, et songé à la gloire du monarque. Abutich fit toutes ces réflexions en deux ou trois minutes, et elles le consolèrent tout-à-fait du départ de Délia. Il communiqua son nouveau projet à Mélanide; il lui promit de l'associer à sa fortune, de lui faire partager la confiance et la reconnaissance du prince, ainsi que les grâces qu'il en obtiendrait par le moyen de la favorite. Cet accord fait entre eux, Abutich quitta Mélanide pour se rendre à Memphis.

Abutich annonça à Sésostris, d'un ton léger et badin, la fuite soudaine et mystérieuse de la cruelle Délia; il ajouta à ses sarcasmes des doutes outrageans sur sa sagesse. Le prince l'interrompit avec un signe d'impatience, pour lui demander des détails sur ce prompt départ, qu'il se reprochait : « Elle va me haïr, continua Sésostris d'un air véritablement touché ; elle ne verra en moi qu'un persécuteur. Hélas! sans cette visite, qui a effarouché sa vertu, je jouirais encore du plaisir de la voir! et si j'eusse renoncé à sa possession, je la saurais au moins heureuse près de moi. Mais, en quel lieu est-elle ? Quel est l'être assez hardi pour oser la soustraire à ma puissance ?.... Non, je n'aurai point de repos que je ne sois instruit de son sort..... »

L'emportement du roi et ses plaintes, qui partaient du cœur, firent changer de ton au favori ; il s'aperçut que la sagesse de Délia avait converti en attachement profond un goût frivole et passager, qu'un peu de complaisance de sa part eût détruit en huit jours, Alors, cherchant à réparer sa maladresse, il vanta à l'excès celle qu'il

(142)

voyait avec dépit triompher encore
malgré son éloignement. Le prince ne
remarqua point cette transition subite, il était trop préoccupé : Délia,
aussi sage que belle, lui apparaissait
avec tous ses charmes et parée de son
aimable innocente : il l'aimait, il l'es-
timait, il l'adorait ! Sortant tout-à-coup
de son abattement, il s'écria avec un
profond soupir : « Non, je ne la méri-
tais pas!.... »

Abutich étonné, croyait à peine ce
qu'il entendait : Quoi! dit-il en lui-
même, la vertu ou plutôt les obstacles
qui enflamment l'imagination, ont-ils
donc le pouvoir de transformer une
femme en divinité! Voyant qu'il s'ef-
forcerait en vain de distraire le monarque de cette pensée unique, il ne parla
plus que des mesures qu'il allait prendre afin de découvrir la retraite de la
jeune veuve. Dès le même jour, on envoya des ordres dans toutes les parties
de l'Egypte, pour avoir connaissance de

la route que Délia avait prise, et du pays
où elle allait se fixer.

Pour un grand roi l'amour n'est
qu'un délassement. Des affaires d'une
haute importance demandant toute
l'attention du prince, il fut plusieurs
jours sans parler de Délia. Abutich
crut qu'il l'avait oublié. Il profita de ce
moment pour faire paraître à la cour
la jeune Lia, sa sœur, âgée de quatorze
ans. Lia n'avait plus de mère, Abutich
lui restait seul. Ce frère ambitieux,
abusant de sa grande jeunesse, l'inti-
mida, et la menaça du courroux de Sésostris, si elle ne répondait pas à ses
prévenances. Il lui fit entrevoir, comme
une suite de ses refus, l'exil de son
frère et la perte de sa fortune; puis,
supposant qu'elle suivrait aveuglément
ses avis, ce frère immoral lui fit un tableau ravissant des plaisirs qui l'attendaient, des parures qui allaient l'embellir, des hommages qu'on s'empres-
serait de lui rendre. Lia, déjà vaine et

coquette, écouta son frère avec un secret sentiment de joie. Elle parut devant Sésostris avec tous les charmes de
l'adolescence et toute la fraîcheur,
toute la timidité de l'enfance; ses longues paupières baissées voilaient à demi
le feu de ses regards, une vive rougeur
colorait son front, un aimable embarras ajoutait un attrait de plus à ses
agrémens, puisqu'il était nouveau pour
Sésostris. Le prince trouva Lia charm-
mante, et il le lui dit; un sourire naïf
lui prouva qu'on l'écoutait sans colère.
Le soir même le roi se rendit chez Mélanide; Lia y était, mais elle parla peu;
cependant le prince, qui la trouvait
jolie, la crut très-spirituelle. Abutich
et Mélanide firent tous les frais de la
conversation. Dès le jour même, Lia fut
reconnue maîtresse en titre. Sésostris
lui donna une maison que Mélanide
dirigea; de sorte que tout fût arrangé
à la satisfaction des deux partis.

Une jolie femme peut être aisément

remplacée par une autre ; mais Délia ;
dont la beauté était le moindre avantage , Délia qui avait du jugement, de
l'instruction , une ame sensible , élevée , Délia enfin, qui promettait à Sésostris une véritable amie , ne pouvait
être effacée par un enfant. Le prince
s'en aperçut bientôt. Lia eut en profu-
sion tout ce qui plaît à cet âge, atours,
bijoux, fêtes, plaisirs, mais elle n'eut
point son cœur : Sésostris conserva
pour Délia un sentiment tendre et profond, dont il chercha vainement à se
distraire parmi le tourbillon d'une vie
agitée et les soins de sa couronne.

Pendant que ces choses se passaient ;
ceux qui avaient ordre de découvrir la
retraite de la jeune veuve y étant par-
venus sans peine, firent leur rapport
à la cour. Délia, réfugiée dans les montagnes de la Lybie , chez de simples et
respectables pasteurs, prouvait à quel
point la vertu lui était chère. Sésostris
sentit plus que jamais et la perte de

celte femme intéressante et l'impossibilité de la faire revenir à Memphis. Il
voulut au moins, par une nouvelle galanterie, lui faire connaître qu'elle
était toujours présente à sa pensée, et
qu'en respectant les motifs qui l'avaient
déterminée à le fuir, il désirait contribuer à son bonheur, même dans les
lieux agrestes qu'elle lui avait préférés.
En conséquence, il donna ordre que
l'on fît partir pour la Lybie, le plus
secrètement possible, un grand nombre d'habiles ouvriers avec les maté-
riaux nécessaires pour construire un
riche et élégant palais digne de la belle
Délia; il voulut encore que l'on eût
soin de choisir la situation qu'on saurait lui être agréable. Sijul, homme de
mérite, fut chargé de diriger ces travaux. Il devait, selon les ordres du roi,
ne rien négliger de ce qui pourrait
embellir la solitude de l'aimable veuve,
et immortaliser les sentimens du prince

ainsi que sa vénération pour cette femme aussi vertueuse que belle.

Sijul se rendit en Lybie sous le plus strict *incognito*; il observa Délia, examina sa conduite, se fit rendre compte de ses discours ; par cet innocent stratagême, il sut qu'elle aimait, de préférence, la riche colline qu'habitait Certos, frère de Chibili. Sijul alla secrètement trouver le laboureur ; il lui fit des offres si avantageuses que, pour l'intérêt des siens, le vieillard ne crût pas devoir les refuser ; car il voyait arriver l'instant où la mort allait l'enlever de ce monde. Il consentit avec plaisir à céder sa place à la jeune et belle Délia, qui devenait, par cet arrangement, maîtresse de ces beaux lieux sans déplacer les propriétaires, lesquels consentaient à régir son bien tant qu'il lui plairait de rester en Lybie.

Tout cela fut arrangé et décidé, comme on peut le concevoir, en l'absence de Délia. Certos mit son frère dans la confidence ; de sorte que le pasteur eut soin, pendant plusieurs mois, de conduire la jeune veuve dans ses promenades, fort loin de la belle colline, bien qu'elle eût témoigné souvent le désir de revoir ce site enchanteur, ainsi que le vertueux couple qui l'avait si bien reçu, et dont elle conservait un agréable souvenir.

Un jour qu'elle avait été plus pressante encore que de coutume pour engager Chibih à rendre visite à l'honnête Certos, le pasteur lui promit que, le lendemain, il lui donnerait cette satisfaction. Le lendemain donc, Délia fut très-matinale : après avoir rendu ses hommages à la divinité, et pris un léger repas, elle s'assit sous un bosquet de jasmin, en attendant le pasteur ; mais bientôt une flûte attira toute son attention. L'habile musicien qui jouait de cet instrument, semblait être à l'entrée du bocage ; Délia se leva : elle vou-

lut voir celui qui faisait entendre des
sons si doux et si mélodieux ; mais elle
ne vit personne. Le musicien joua un
nouvel air ; il paraissait être dans un
massif d'arbres antiques placés à quelque distance ; Délia alla encore l'y
chercher, mais en vain. La jeune veuve
avait trop d'esprit pour être supersti-
tieuse ; quoiqu'il en soit, le mystérieux
musicien fit naître en elle un sentiment
de curiosité extraordinaire. Oubliant
tout-à-fait et Chibili et la belle colline,
elle marcha du côté où elle entendait
le joueur de flûte qui, à l'aide des bois,
tantôt se rapprochant, tantôt s'éloi-
gnant, l'attacha si bien à ses pas, par le
charme inexprimable de son jeu, à-la-
fois tendre et badin, qu'elle se trouva,
sans s'en être aperçue, devant un dôme
éclatant de dorures, porté sur soixante
colonnes dont le fût était d'albâtre, le
chapiteau d'agate, et le piédestal de
porphyre ; des stores de tissu de soie
blancs et or remplissaient l'intervalle

d'une colonne à l'autre. Ce bel édifice était bâti sur une éminence : on y montait par des degrés de marbre blanc. A cette vue, Délia s'arrêta comme en extase : la musique avait cessé. « Où suis-je, dit-elle ? Est-il possible qu'il existe un tel chef-d'œuvre dans ces montagnes, si près de l'habitation de Chibili, et que le pasteur ne m'en ait point encore parlé? Quoi! l'or et les pierres précieuses sont prodigués dans ce superbe monument!... Est-ce le séjour d'un roi? Le palais du grand Sésostris n'est ni plus riche, ni plus beau!... » Délia restait toujours devant ce prodige de l'art, qui confondait sa raison, lorsque Chibili, qui la suivait avec son frère Certos, s'approcha, et lui remit des tablettes de la part de Sésostris. A cette vue, ses yeux s'ouvrirent; une vive rougeur colora son front; elle ouvrit les tablettes et lut : « Mon amour a alarmé votre sagesse, belle Délia; j'en gémis sans vous accuser de mes maux, puisqu'il n'était pas en mon pouvoir de vous offrir, avec mon cœur, une couronne que vos vertus méritaient. Vivez tranquillement dans votre champêtre asile, et pensez quelquefois au prince qui vous a trop connue pour se consoler jamais de votre absence. Ce palais, et les terres qui l'environnent, vous appartiennent : c'est le don d'un ami, ne le rejetez pas : après avoir perdu l'espoir de vous posséder, il ne me reste plus d'autre consolation que celle de vous savoir heureuse. Adieu, trop cruelle et toujours adorée Délia!!...... »

Lorsque la jeune veuve eut fini de lire les tablettes, Certos lui apprit tout ce qui avait rapport à la construction de la superbe demeure qu'elle devait à l'amour du roi. Délia fut sensible à ce nouveau bienfait, dont la délicatesse et le désintéressement augmentaient beaucoup le prix. Les aimables qualités du monarque revinrent alors en foule à sa mémoire; elle les détailla à ses amis avec complaisance, avec chaleur même; et ces deux vieillards, doués d'une grande pénétration, s'aperçurent aisément que Sésostris était moins malheureux qu'il ne croyait l'être.

Tout étant éclairci, on entra dans le palais. L'imagination s'épuiserait en vain pour se représenter la magnifique élégance de ce séjour de féerie : tout ce que le luxe oriental offre de richesses n'approche pas des meubles précieux des appartemens, et de la somptuosité des décorations : on y trouvait aussi un salon de musique, un de peinture, de grandes et belles galeries remplies de livres rares, d'objets de sciences, d'arts et de tout ce qui pouvait charmer les loisirs de l'aimable veuve.

A côté de ce riche palais, digne présent d'un grand roi, on voyait un modeste bâtiment d'un seul étage, dont la noble simplicité frappait les regards. Il était construit tout en marbre. Dans l'intérieur, au lieu de tentures, on avait peint sur le mur de jolis paysages, avec toutes les habitudes de la vie champêtre ; les meubles, dans le genre arabe, consistaient en divans, en larges estrades matelassées, couvertes d'étoffes blanches d'une grande finesse, et entourées d'excellens coussins. La salle principale ouvrait, par plusieurs portes, sur une terrasse garnie de fleurs odoriférantes. Une pente douce, au milieu d'un massif d'arbres, conduisait dans un bois de citronniers, où il y avait une laiterie, et tout auprès, une salle basse ornée de divans de velours vert, avec des tapis et des carreaux. Plus loin était la maison du jardinier, puis la ferme, et enfin la tente de Certos, singulièrement embellie par les soins du monarque.

En sortant de ce séjour enchanté, Délia vit une troupe de jeunes garçons et de jeunes filles, tous beaux et vêtus galamment, qui portaient des bouquets et des guirlandes : à leur tête était Ly-

die, la plus jeune des petites-filles de
Chibili ; elle tenait une corbeille de
fleurs sur laquelle on avait mis les clefs
du palais. Elle les présenta avec grace
à la jeune veuve, puis elle lui fit un
beau compliment, dans lequel elle la
nomma leur souveraine. Délia embrassa
la petite Lydie à plusieurs reprises, et
elle fit mille caresses aux jeunes pay-
sannes.

Après avoir reçu leurs hommages, elle
demanda où était Mycérines : «Vous allez la voir, ma fille, lui dit Chibili ; auparavant il faut que vous rendiez visite
à vos nouveaux sujets.» En achevant
ces mots, le pasteur ayant fait quelques
pas en avant, montra à la jeune veuve
un grand nombre de cabanes tout autour
du palais : «Elles renferment, lui dit-
il, vos gardiens et vos serviteurs: tous
ceux qui les habitent sont soumis à vos
ordres, et faits pour exécuter vos vo-
lontés.» Alors Délia vit sortir des cabanes un foule de jeunes garçons et

de jeunes filles, parfaitement bien faits,
qui vinrent la saluer et lui offrir leurs
services.

Tout ce que Délia voyait lui paraissait tenir de l'enchantement. Le co-
teau avait pris une forme nouvelle : il
semblait métamorphosé. On entendait
dans les bois la voix douce et agréable
des jeunes pâtres unie au son de la
flûte et de la guitare ; des branches
pliées et attachées ensemble formaient
des cabinets ouverts, tapissés de fleurs
et de gazon. La jeune veuve trouva
dans ces bosquets sa mère, Asna et
Mycérines, qui la reçurent dans leurs
bras et la félicitèrent. Après quelques
réflexions sur la sagesse des femmes et
le pouvoir qu'elle donne à la beauté,
la respectable compagnie continua sa
promenade. Chaque pas lui offrait un
nouveau plaisir ou une nouvelle surprise : on voyait sur les arbres des couplets galans et spirituels, de jolis vers
et le chiffre de Délia orné de devises;

des bergers beaux comme Apollon et couronnés de fleurs se tenaient assis dans les clairières avec des fifres, des clarinettes et des hautbois. C'est au milieu de cette fête continuelle que Délia gagna la tente de Mycérines. Par les ordres de Chibili on servit un dîner champêtre, où toute la famille du pasteur ainsi que leurs voisins trouvèrent en abondance tout ce qui pouvait les flatter. La fête se termina par des danses.

Délia s'établit dans le pavillon de marbre, dont la simplicité convenait à ses goûts autant qu'à sa nouvelle manière de vivre. Elle garda le riche palais par reconnaissance pour le noble prince qui le lui avait donné ; mais elle voulut que ce superbe édifice fût consacré aux dieux. En conséquence, elle fit placer dans la salle principale les statues d'Osiris et d'Isis. Les fils et petits-fils de Chibili devaient tour-à-tour desservir le temple de ces deux

divinités, orner leurs statues de couronnes de fleurs et brûler des parfums
sur leurs autels. On mit le portrait de
Sésostris dans le pavillon de marbre.
Ayant ainsi accordé la piété et la reconnaissance, Délia traça le plan de sa
vie ; elle partagea ses jours entre l'é-
tude, l'amitié, les beaux-arts et les plaisirs champêtres. C'est parmi ce peuple
laborieux et modeste, au sein de la respectable famille du pasteur, sous les
yeux d'Asna et de sa mère, que vécut
Délia, en gardant à Sahyd, dont elle
pleurait la mort, une fidélité digne des
plus grands éloges.

CHAPITRE XXXII.

Sahyd, transporté sur le vaisseau par les satellites d'Abutich, attribua à Sésostris la violence qu'on lui faisait : il crut que son exil était une suite de l'amour du roi pour sa jeune épouse. L'infortuné s'éloignait à regret de l'Egypte sa patrie, où il laissait les chers objets de toutes ses affections. Il pleurait Délia ; il maudissait le despote qui, à l'abri par son rang de la rigueur des lois, bravait ce que les hommes ont de plus sacré pour satisfaire ses passions.

Étant en pleine mer, il fut attaqué par des pirates. Abutich, qui se reprochait de l'avoir laissé vivre, avait envoyé après lui un de ces hommes qui s'enrichissent du pillage. Sahyd s'étant joint au capitaine, se défendit vaillam-

ment. La moitié de l'équipage était
hors de combat; forcé enfin de céder
au nombre, Sahyd allait perdre la vie
quand un vaisseau vint à son secours.
C'étaient des Phéniciens qui, ayant
reconnu le corsaire, fondirent sur lui,
le coulèrent bas, et conduisirent Sahyd
et sa suite sur les côtes du midi de
l'Europe, où ils les laissèrent pour
continuer leur course. Les Phéniciens
tiraient des peuples chasseurs et pasteurs qui vivaient sur les côtes méri-
dionales et occidentales de l'Europe,
des peaux de toute espèce; ils leur donnaient en échange de la vaisselle de
terre, des instrumens de fer et d'autres
choses à leur usage.

La côte où Sahyd aborda était celle
de la Provence. Il entra dans une espèce de port, où Toulon fut bâti dans
la suite. Le paysage de ce désert n'of-
frant rien de triste à ses yeux, il se décida à y former un établissement.

Le capitaine du vaisseau qui avait

pris Sahyd sur son bord en Egypte , avait péri dans le combat contre les pirates ainsi que ceux qui servaient sous ses ordres ; il ne restait que les matelots, lesquels joints à quelques esclaves dont les Phéniciens avaient fait présent à Sahyd, formaient en tout quarante hommes.

Les Egyptiens dressèrent des tentes pour se loger et mettre à couvert ce qu'ils avaient dans le vaisseau ; ensuite ils défrichèrent des terres pour y semer du blé , dont il se trouvait une bonne provision et des outils propres à cet usage.

En très - peu de temps , leur prudence et leur activité les mirent à l'abri des inquiétudes du besoin : on découvrait une plaine assez vaste , semée de blé et de cabanes solidement construites et environnées de fossés profonds. Ce travail se termina par une fête. Ils firent le tour de leur petite propriété au bruit des acclamations de toute la colonie, en s'écriant : Vive Sahyd, périsse Sésostris !

A ce bruit, que les échos promenaient de rochers en rochers dans ces déserts immenses, Sahyd s'arrêta, et prenant la parole :

« Egyptiens, leur dit-il, ne souhaitez point la mort de vos rois, si vous respectez les dieux qu'ils représentent ici-bas ; ce n'est qu'aux pieds du trône d'Osiris et d'Isis qu'ils doivent rendre compte de leur conduite.

» Je renonce au titre fastueux que vous me donnez ; sujets de Sésostris, ni ses injustices, ni les mers qui nous séparent de lui ne nous affranchissent de ce que nous lui devons : il est notre roi, quelque partie de cet univers que nous habitions.

» Le premier à partager vos travaux, je ne vous demande que vos cœurs pour tributs. Loin de moi la pensée de vous assujétir : soyez libres, heureux par le travail et l'union. Ne comptez

pas comme en Egypte sur les eaux d'un
fleuve officieux pour engraisser vos
champs : à l'exemple des Lybiens, des
Arabes, des Ethiopiens, il faudra labourer vos terres ; ici le sort de la
moisson sera dans vos mains ; jugeant
de vos récoltes par vos travaux et non
par le débordement du Nil, vous n'en
serez pas moins heureux.

Ne craignez pas que je vous demande
jamais d'épuiser vos forces à construire des pyramides, des obélisques,
frivoles ornemens d'un royaume ; mo-
numens plus capables de transmettre
à la postérité la cruauté et la barbarie
des rois qui les ont fait élever, que
leur puissance et leurs richesses. La
ville que je désire vous faire construire
ici sera bien loin du faste de Diospole ;
cent portes superbes n'orneront pas
ses remparts ; cent temples magnifiques
n'y seront pas élevés à nos dieux.

» Que nous les connaissons peu ces
dieux que nous adorons ; un sacrifice

offert sur un autel champêtre et sous la voûte du ciel par un cœur pur, leur est aussi agréable que dans des temples dorés, sur des autels de marbre et de porphyre. »

Tous les Egyptiens applaudirent à la modération de Sahyd ; ils reconnurent que sa sagesse et ses lumières le rendaient digne de les gouverner ; d'après cela, ils le nommèrent leur chef, et lui promirent respect et obéissance. Il fut résolu d'une voix unanime que l'on vivrait sous les mêmes lois , et que l'on adorerait les mêmes dieux qu'en Egypte ; savoir, le soleil et la lune, sous les noms d'Osiris et d'Isis, et toutes les autres divinités.

Chaque chose étant ainsi réglée, Sahyd, qui voulait connaître le pays, s'enfonça dans les terres. Après avoir marché assez long-temps sans rencontrer personne, il monta sur une petite colline, et découvrit une grande étendue de pays entièrement couvert de forêts : ce ne sont pas là , dit-il en lui-même , les environs de Diospole, ni ceux de la superbe Memphis; quelle différence de ce calme profond avec le bruit tumultueux de ces deux grandes villes ! Cette réflexion fut suivie d'un soupir que lui arrachait le souvenir de l'Egypte. Poursuivant son chemin à travers un petit bois, il aperçut une biche blanche, et à quelques pas de là, un respectable vieillard, couvert de peaux, qui, loin de fuir, vint à lui.

Sahyd fut surpris à cette vue ; mais son étonnement redoubla lorsqu'il l'entendit parler sa langue, et que le vieillard l'ayant reconnu à ses habits pour Egyptien, lui demanda des nouvelles de Memphis, dont il était exilé depuis vingt ans.

Sans attendre sa réponse, le vieillard le conduisit sous un rocher voisin qui, creusé par la nature, formait une demeure plus propre à servir de retraite à quelque bête sauvage qu'à un

homme civilisé. « Vous ne trouverez
ici, lui dit-il, en l'introduisant dans la
caverne, ni les riches portiques, ni les
colonnades de porphire qui servent d'a-
venues au superbe palais de Memphis;
ici tout est l'ouvrage de la nature; je
suis une preuve que l'on peut vivre content sans ces magnifiques superfluités. »

Après ce peu de paroles, le vieillard
offrit quelques fruits à Sahyd; ensuite
il lui demanda comment il avait quitté
l'Egypte. Sahyd lui raconta sa déplo-
rable histoire; il accusa le jeune monarque égyptien de toutes ses peines.

« Hélas ! reprit Anysis (ainsi se
nommait le vieillard), la même raison
fut cause de ma disgrace. Au commen-
cement du règne d'Aménophis, ce
jeune prince, qui faisait ordinairement
sa demeure à Diospole, vint un jour à
Memphis, dont j'avais le gouvernement. Je le reçus en roi dans mon palais; mais que cet honneur me coûta
cher ! Alphénire, ma jeune épouse, qui

effaçait, par ses graces et l'éclat de ses yeux, ce que l'Egypte avait de plus aimable, toucha le cœur d'Aménophis; il lui déclara sa passion. Quelques jours après, il m'envoya l'ordre de partir pour l'armée, avec une charge brillante qui donnait de la considération et des richesses. J'avais surpris les regards tendres qu'Aménophis jetait à ma chère Alphénire; me doutant de ses desseins, je fus peu flatté de ses nouvelles faveurs. La nuit même, je ramassaï à la hâte mon or et mes pierreries, et je voulus fuir avec ma femme; mais le tyran veillait sur sa proie; au moment où je montais sur le vaisseau, Alphénire fut enlevée d'entre mes bras; et je partis seul!..... Savez-vous quel a été le sort de cette chère épouse ?.... — Oui, répondit Sahyd; sa constance et sa sagesse l'ont fait donner pour modèle à toutes les jeunes égyptiennes : toujours dans les larmes, elle mourut de la douleur de votre perte; et le roi, pour ne pas se rendre odieux à ses peuples, cacha avec soin la cause de sa mort ainsi que votre exil ; il attribua l'un et l'autre à des chagrins domestiques auxquels il n'avait aucune part. » Anysis leva les yeux au ciel ! « Que l'amour est à craindre, dit-il, quand il s'empare du cœur d'un souverain à qui rien ne résiste, et qui n'écoute que ses passions ! La vertu reçoit un nouvel éclat du rang suprême ; mais le crime est aussi bien plus redoutable, armé de toutes les forces de la puissance ! »

Anysis se laissa persuader d'aller vivre avec Sahyd et les autres Egyptiens ; sa présence causa une véritable joie à la petite peuplade. Il lui apprit qu'en allant vers le nord, on trouvait des sauvages qui adoraient le soleil et la lune, et qu'ils n'avaient d'autres demeures que les bois où ils construisaient des cabanes : « Ces cabanes, ajouta Anysis, sont faites de branches d'arbres entrelacées, couvertes de joncs

et de feuillage; la terre glaise en lie
toutes les parties. Un certain nombre
de cabanes forme un canton ou district;
ces districts sont soumis aux mêmes
usages, aux mêmes lois pour le maintien de l'ordre et pour la décision des
différends; au moment d'une attaque,
tous les cantons se réunissent sous un
chef auquel ils obéissent; mais l'expédition finie, ils retournent dans leurs
cabanes et reprennent leur indépendance.

Leur religion est celle que la divinité
a empreinte dans le cœur de tous les
hommes, l'amour d'un Etre suprême
pénétrant de sa présence solennel toutes les parties de ce vaste univers. Ils
ne connaissent qu'un seul Dieu, auteur
de toutes choses, source de tous les
biens; leur reconnaissance le cherche et
l'adore dans tous les objets où sa puissance et sa bonté se manifestent d'une
manière sensible: dans les forêts et les
arbres, dont les fruits apaisent leur

faim, dans les fleuves et les fontaines
où ils étanchent leur soif, dans les an-
tres qui leur servent de retraites, dans
la terre qui produit les plantes, dans
le soleil qui les fait éclore, dans tous
les phénomènes de la nature qui exci-
tent leur étonnement et leur admiration.

Leurs prêtres sont les pères de famille ; ils se réjouissent au milieu de
leurs enfans des biens qu'ils reçoivent
de la nature ; ils développent en eux,
par cette sainte joie, le sentiment sacré
de la reconnaissance et de l'amour.

La morale de ces dignes ministres de
la religion est pure et simple comme
eux ; ils disent sans cesse au peuple :
Adorez le grand Etre, ne faites de mal
à personne, soyez braves dans toutes
les occasions, préférez la liberté à la
vie, aimez le travail, ayez en horreur
le larcin et le meurtre, prenez soin des
malheureux, honorez les morts.

Leurs chefs sont ceux qui, par leur

sagesse, leur expérience, ont acquis quelque considération auprès des membres de chaque famille ou tribu. On s'adresse librement à eux; on s'en rapporte librement à leurs décisions; ils ne punissent jamais; on n'est retenu que par la honte de commettre une injustice et la crainte d'encourir l'indignation de la tribu. Ces chefs, élus par a majorité, rentrent, au bout d'un certain temps, dans la classe commune.

La manière de vivre de ces sauvages est des plus simples; ils ne connaissent point les meubles, n'ont point d'autre lit que l'herbe, ni d'autre nourriture que les fruits de la terre et le lait de leurs troupeaux.

Ils sont persuadés que c'est un mal infiniment plus grand de tromper que d'être trompé; d'être injuste que d'être victime d'une injustice; de dépouiller son semblable que d'en être dépouillé, parce que l'injustice l'avilit et le dégrade à ses yeux.

C'est, en général, une douce et bonne nation, franche et loyale, sans ruse et sans artifice, facile et raisonnable. Quand vous aurez connu ce bon peuple, et la vie paisible qu'il mène au milieu de ces forêts, vous jugerez qui d'eux ou des habitans de Memphis sont les plus heureux. »

Le discours d'Anysis fit une vive impression sur les Egyptiens; la joie éclata tout-à-coup parmi eux. L'idée de se réunir à ces bons sauvages, et de leur être utile, remplissait leurs cœurs d'allégresse.

Sahyd, très-satisfait d'Anysis, et ayant une haute idée de sa sagesse, l'établit grand-pontife, et le chargea du soin de rendre la justice. Il fut résolu qu'il choisirait, dans la colonie, six jeunes égyptiens pour le seconder.

Tout-à-fait réconciliés avec le sort depuis l'arrivée du vieillard, les Egyptiens se seraient crus très-heureux s'ils avaient eu des compagnes. Ils témoignè-

rent à Anysis leurs désirs à ce sujet.
Le vieillard leur dit qu'avec un peu de
patience, ils se verraient pourvus d'é-
pouses très-aimables ; que pour avoir
ces femmes charmantes, il fallait s'en
saisir par surprise, parce qu'elles
fuyaient avec la légèreté d'une biche
aussitôt qu'elles apercevaient un homme. Voyant l'étonnement des Egyptiens, Anysis ajouta, que les jeunes
filles sauvages, en âge de devenir mères,
couraient ainsi les forêts jusqu'à ce
qu'elles eussent un mari ; qu'on les
rencontrait souvent plusieurs ensemble ; qu'il ne doutait pas que chacun
d'eux ne revînt avec une compagne,
s'ils voulaient tous aller à la rencontre
de ces belles femmes.

A cette nouvelle, les nouveaux colons firent retentir l'air de leurs cris de
joie ; ils voulaient partir sur-le-champ ;
mais Sahyd les engagea à remettre au
lendemain, au lever de l'aurore, un
voyage dont on ne pouvait assigner le
terme.

Sahyd, monté sur le seul cheval qu'on avait transporté d'Egypte, marchait à la tête de ses compatriotes qui, impatiens de voir les femmes sauvages, franchissaient sans peine tous les obstacles que la nature leur opposait.

Après une longue et pénible marche, ils découvrirent une vaste plaine, où ils crurent apercevoir plusieurs personnes. Arrivés à une distance raisonnable, ils virent effectivement une multitude de sauvages qui formaient des danses et célébraient la fête du soleil.

Sahyd et sa suite s'approchèrent, armés de leurs arcs; aussitôt les jeux cessèrent : des hommes habillés, en ayant un à leur tête, monté sur un cheval, offraient, aux yeux des naturels, un spectacle assez nouveau pour attirer toute leur attention. Ils admiraient sur-tout la docilité de ce superbe animal qui, oubliant toute sa force, obéissait à de simples lanières de peau, qu'il eût pu rompre du moindre mouvement de

tête. Pour augmenter l'espèce d'enchantement où ce prodige les jetait, Sahyd,
maniant son cheval avec beaucoup
de grace , lui faisait faire des cour-
bettes, des caracoles : il le faisait tourner autour de la danse, le poussait au
galop dans la plaine et le ramenait au
petit pas.

Des choses si surprenantes leur ins-
pirèrent tant de respect pour les Egyptiens , que plusieurs se mirent dans
l'idée que ces hommes extraordinaires
étaient envoyés à leurs fêtes par le
soleil même. Ce bruit, passant de
bouche en bouche, fut reçut comme
une réalité. Ces bonnes gens dansèrent
autour des amis de leur dieu ; après la
danse, ils leurs présentèrent des fruits.
Sahyd mit pied à terre, et, en signe de
paix, il mangea et but avec les sauvages.
Le soleil allait se coucher : plusieurs
naturels vinrent prier Sahyd , qu'ils
appelaient l'homme du soleil, d'engager
leur dieu à ne pas les priver sitôt de sa

présence, s'il agréait leurs divertisse-
mens que la nuit allait suspendre.

Cette proposition embarrassa le nouveau prophète; cependant il ne se dé-
concerta pas : après un moment de réflexion, il leur dit d'un ton ferme et
avec assurance, que le soleil, ne pouvant plus être témoin de leur fête, il
leur permettait de la continuer; qu'ils
n'avaient qu'à ramasser, dans la forêt
voisine, le plus de bois sec qu'il leur serait possible, et le mettre en tas dans
la plaine.

Cet ordre fut exécuté en moins d'une
demi-heure. Sahyd fit alors retirér les
sauvages; puis, par le moyen du frotte-
ment, il mit le feu au bois; alors une
lumière éclatante et brillante remplaça
celle du soleil.

Les sauvages, à qui l'usage du feu
était encore inconnu, étonnés de ce
nouveau phénomène, accoururent; ils
se persuadèrent que le soleil leur envoyait quelques-uns de ses rayons pour

consumer ce bois : toute la nuit ce ne
furent que danses, jeux et fêtes champêtres.

Les jeunes *méonides* (1) regardaient
ce feu avec surprise du haut de leurs
montagnes ; les plus hardies s'approchèrent ; quelques-unes furent prises
par les sauvages, et entraînées malgré
elles au milieu des danses. Sahyd,
charmé de leur beauté, ayant pris à part
quelques anciens de la tribu, leur fit
entendre qu'il désirait avoir ces femmes
pour être les épouses de ceux de sa
suite : ces vieillards lui baisèrent les
pieds en signe de soumission. Toute la
nuit, les belles sauvages, se livrant au
plaisir de la danse, charmèrent les forêts par les accens mélodieux de leur
voix fraîche et claire ; mais à l'aurore,
lorsque le soleil sortit du sein des nuages,
les méonides voulurent retourner dans

_____

(1) C'est ainsi que les Egyptiens appellent
les femmes.

leurs montagnes, alors elles se trouvèrent retenues par des chaînes. Elles pous-
sèrent des cris affreux, et cherchèrent
à se débarrasser des mains de leurs ra-
visseurs, mais leur résistance fut vaine.

Elles parurent devant Sahyd. Prévenues que cet étranger était un ministre du soleil, qui allait leur rendre
compte de la violence qu'on leur faisait, elles formèrent un cercle autour
de lui, et attendirent dans un respectueux silence qu'il leur adressât la parole. Sahyd parcourut quelque temps
des yeux ce cercle enchanteur; ensuite,
d'une voix émue, il s'expliqua en ces
termes :

« Jeunes beautés, chef-d'œuvre le plus
parfait de la nature, vives images du
soleil, à qui vous devez ce que vous
êtes; nées pour faire le bonheur des
hommes, pourquoi regrettez-vous ces
cavernes dont ils vous ont arrachées?
Sachez que cet univers, dont vous êtes
l'ame, va changer de face. La lune, que

vous adorez, ne se dérobe jamais aux
caresses du soleil; c'est au contraire sa
fidèle compagne. Il est vrai que ce père
des lumières vous éclaire seul pendant
le jour, que seul il visite ses ouvrages,
fait mûrir les fruits, épanouir les fleurs
pour réjouir vos yeux et parer vos têtes;
mais de retour le soir dans le sein des
mers, la lune reçoit son époux avec
joie.

» Lorsqu'elle s'éloigne à son tour,
toujours soutenue de la présence du
soleil, elle ne le perd jamais de vue;
elle ne brille à vos yeux que de l'ardeur
des feux qu'il lui communique ; loin
de la vue de cet époux fidèle, elle est
sans éclat : triste de son absence, elle
languit dans une obscurité dont il peut
seul la tirer par ses rayons bienfaisans.

» Voilà, jeunesse aimable, le modèle
que vous devez suivre, et que je vous
propose. Que chacune de vous, fidèle
à celui dont elle sera l'épouse, ne se
pare que de ses présens, ne reçoive son

éclat que de lui, et ne se laisse consumer d'aucun feu étranger : le jour, dans
vos cabanes, attendez vos époux avec
impatience ; revoyez-les le soir avec
joie, et embrâsez-les des mêmes feux
dont ils brûleront eux-mêmes. »

Pendant ce discours, les méonides,
étonnées de tout ce qu'elles entendaient,
se jetaient des regards qui marquaient
leur surprise. La plus âgée, nommée
Namine, qui avait environ vingt ans,
prit la parole, et dit en soupirant à
l'homme du soleil, que puisqu'elles
étaient condamnées à vivre avec un
homme, il fallait les laisser libres de le
choisir à leur gré. Toutes applaudirent
à cette proposition, que Sahyd trouva
très-juste.

Sur une montagne voisine, s'élevait
un petit bois consacré au soleil, où il
n'était permis d'entrer que les jours des-
tinés à son culte ; c'était dans ce bois
qu'on avait conduit les méonides qui,
attirées par l'éclat du feu, s'étaient
laissées surprendre.

Sahyd y mena les Egyptiens, laissant à chaque méonide la liberté de se déclarer en faveur de celui qui lui plairait ; quant à lui, il se plaça sur une petite éminence qui dominait sur tout ce terrain.

Sahyd jouait là un grand rôle ; mais ce n'était pas le plus flatteur : depuis qu'il était parmi ces jeunes beautés, combien de fois ne fût-il pas au désespoir d'être un personnage si respectable : si la qualité brillante d'homme du soleil satisfaisait sa vanité, elle laissait dans son cœur bien des désirs à remplir ; il éprouva dans ce jour que faire des heureux ce n'est pas l'être, et que l'auguste dignité de ministre des dieux ne garantit pas des atteintes de l'amour : le bonheur d'unir ensemble de jeunes époux met souvent un saint personnage à de rudes épreuves.

Sahyd examinait d'un œil curieux ce qui se passait dans le bois ; il aperçut Namine séparée de ses compagnes ; son air était rêveur et mélancolique ; elle cherchait la solitude. Sahyd fixa ses regards avec complaisance sur cette jeune méonide ; il la trouva charmante ; elle l'était en effet : ses cheveux noirs et bouclés tombaient négligemment jusqu'à sa ceinture, et, poussés par le vent, flottaient en partie sur un sein plus blanc que l'albâtre ; de temps en temps elle levait ses beaux yeux au ciel, puis les tournait autour d'elle avec trouble, comme quelqu'un qui craint d'être découvert ; plus elle approchait de Sahyd, qu'elle ne voyait pas, plus cet égyptien s'enflammait pour la belle sauvage. Il laissa échapper un soupir qui fut jusqu'à Namine ; interdite, elle porta aussitôt ses timides regards de tous côtés ; apercevant l'homme du soleil, elle courut à lui, et lui dit en tremblant, avec une naïveté charmante : « Etes-vous exclus de ceux parmi lesquels il nous est permis de choisir un époux ? » Elle n'eut pas plutôt prononcé ces paroles qu'elle rougit; puis baissant les yeux, elle attendit en silence la réponse de Sahyd.

L'embarras de l'homme du soleil fut, pour le moins, égal à celui de Namine; agité par les combats que l'amour et la vertu se livraient dans son cœur, il ne sut d'abord que répondre : devait-il, le premier, enfreindre la loi qu'il venait d'établir, qui condamnait tous les hommes à la possession d'une seule femme ? Délia vivait encore; il l'adorait; il avait l'espérance de la revoir; mais de vastes mers les séparaient, et l'aimable Namine, si tendre, si pressante, était devant lui.

Quel moment! ses yeux le trahirent, et, se tournant languissamment sur Namine, qu'un si long silence commençait à alarmer, ils portèrent l'espérance dans son cœur; bientôt la bouche confirma le langage des yeux : « Et pourquoi, belle méonide, lui dit-il, transporté d'amour, pourquoi serais-je exclu du nombre de ces heureux mortels dont vous devez faire la félicité ? J'attends ici, comme les autres, que quelqu'une de vous daigne m'honorer de son choix. — Ah ! interrompit Namine avec vivacité, si je puis prétendre au bonheur d'être à vous, recevez-moi pour épouse. »

Le premier pas était fait, l'amour ne recule pas : Sahyd ne répondit à la déclaration de l'aimable méonide que par des transports : ses regards se confondirent avec les siens ; il saisit une de ses mains, y colla ses lèvres, et la serra dans ses bras ; ses yeux séduits égarèrent son cœur ; bientôt l'homme du soleil devint l'homme de l'amour, et le premier législateur de cette contrée, fut le premier prévaricateur.

Revenu de son délire, Sahyd pensa à Délia, pleurant sur les rivages du Nil, les yeux tournés vers le ciel, en lui demandant son époux ; à ce tendre

souvenir, il se repentit de son infidé-
lité et soupira profondément.

« Qu'avez-vous? lui demanda Namine; ne suis-je plus la même à vos
yeux? Si vous m'aimez, vous devez
être satisfait, puisque tous les momens
de ma vie sont à vous. — Hélas! ma
chère, lui répondit Sahyd, le bonheur
que vous m'offrez n'est pas fait pour
moi; un obstacle invincible m'empêche
d'être votre époux; votre beauté m'a
perdu : je ne suis qu'un séducteur, un
infidèle, un parjure, un ingrat; croyez-
moi, charmante méonide, n'offensons
plus les dieux; pour ma tranquillité et
la vôtre, retournez faire un autre
choix, le mien est fait.... »

A ces mots, Namine se leva en fureur; ses yeux perdirent en un moment
cette tendresse qui les rendait adora-
bles : « Est-ce donc là, lui dit-elle, en
lui lançant un regard terrible, cette félicité que tu nous promettais avec les
hommes? Notre choix fait, nous as-tu

dit, en faveur d'un seul, nous ne devons plus nous parer que de ses présens : c'est notre soleil; à l'exemple de la lune que nous adorons, il ne nous est permis de recevoir notre éclat que de lui, et nous ne devons nous laisser consumer d'aucun feu étranger. Cette loi que tu viens d'établir n'est-elle donc que pour nous? Quand tu nous condamnes à vivre avec un seul homme, prétends-tu laisser à ton sexe la liberté de jouir de plusieurs femmes? Ton choix est fait, et quand me l'apprends-tu, barbare étranger? Quand m'ordonnes-tu d'en faire un autre? Quand je croyais le tien fixé en ma faveur, et que mon cœur commençait à se faire une douce habitude de t'aimer. Je t'ai fais voir tout l'excès de mon amour, tu connaîtras bientôt que la haine et la fureur n'agissent pas avec moins d'empire sur Namine offensée. » En achevant ces mots, elle sortit du bois sacré, sans que Sahyd osât la retenir; il la suivit quelque temps des yeux; ensuite il resta plongé dans une mélancolie profonde.

Sahyd fut distrait de ses tristes pensées par ses compatriotes, qui vinrent avec les jeunes sauvages leurs compagnes; il les fit tous jurer, en présence du soleil, de vivre dans l'union la plus parfaite; ensuite les mariages furent célébrés à l'égyptienne. Un grand nombre de sauvages se laissèrent persuader de suivre les Egyptiens dans la nouvelle colonie avec leurs épouses. A leur arrivée, ce ne fut que fêtes, que jeux; ensuite on construisit des cabanes, et l'on ensemença des terres; la chasse et la pêche remplissaient le reste du temps.

Il fallait bien occuper ces pauvres sauvages à quelque chose; l'ambition ne les déchirait pas encore, et la misère ne les engageait pas à un travail pénible. Point de nombreux domestiques à payer, point d'équipages à soutenir, de somptueux repas à donner, de bâti-

mens superbes à réparer, de longs
voyages à faire ; point de femmes esclaves des modes à entretenir de mille
colifichets que le caprice invente et détruit chaque jour : les méonides, vê-
tues d'une saye et parées de leurs cheveux, étaient aussi piquantes que nos
jeunes coquettes ; tout le monde était
égal ; ne désirant rien, on ne manquait
de rien. On ne s'imaginait pas alors
qu'il faudrait un jour plusieurs hommes pour remplir les besoins d'un seul.
Partout où l'on chassait on était sur
ses terres ; et ce noble exercice fournis-
sait des peaux pour se couvrir. Les ca-
ves n'étaient pas remplies de vins étrangers qu'il fallait faire venir à grands
frais des extrémités du monde : une
claire fontaine était le cellier ordinaire ;
son onde, toujours abondante, prodi-
guait à ces peuples de quoi satisfaire
leur soif : on ne buvait que pour se
désaltérer ; on ne mangeait que pour
réparer ses forces et non pour les
détruire.

Sahyd laissa ignorer à ces bons sauvages tout ce qui ne pouvait pas contribuer à leur bonheur. Il leur apprit l'usage du feu, celui de la chair des animaux, et l'art de se construire des
demeures solides et commodes. Par ses
soins, les plaines voisines parurent, en
peu de temps, couvertes de troupeaux
de bœufs et de moutons, obéissans à
la baguette et à la voix d'un jeune
garçon.

Cette paix profonde fut troublée par
la vindicative Namine. De dessus une
éminence, elle était attentive à toutes
les démarches de Sahyd. L'apercevant
seul un jour, elle vola sur ses pas, accompagnée de plusieurs vieilles méonides, et le surprit si à propos dans un
chemin fort étroit, que sans lui donner
le temps de se servir de ses armes, qui
lui furent enlevées, elle le fit conduire
à l'extrémité d'une montagne, que l'on
ne pouvait gravir que d'un seul côté,
qu'elle fit garder avec soin. Sahyd

monta ensuite sur un roc d'une terrible
hauteur, sur lequel était une espèce de
plate-forme ; quatre méonides, des plus
robustes, le lièrent dans cet endroit à
un arbre, puis elles l'abandonnèrent à
ses réflexions.

Resté seul en cet horrible lieu, le
malheureux Sahyd promena ses regards
autour de lui ; il ne vit que des précipices effrayans, dont sa faible vue ne
pouvait sonder la profondeur, présage
presque certain du sort qui lui était réservé ; car il se rappelait, en frémis-
sant, les terribles menaces de Namine.
Le souvenir de Délia, en ce moment
peut-être entre les bras du monarque,
ajoutait encore à son supplice : « Chère
épouse, disait-il, vous allez être vengée
d'un époux infidèle ; ces précipices affreux vont lui servir de tombeau ; vous
ne reverrez plus l'ingrat qui osa vous
oublier ; non, je n'attendrai point que
la cruelle Namine ordonne ma mort ;
je veux m'immoler moi-même : c'est à

vous, Délia, épouse offensée, que je fais le sacrifice de ma vie. »

En prononçant ces dernières pa-roles, Sahyd fit tous ses efforts pour rompre ses liens et finir sa triste exis-tence ; mais il s'arrêta à la voix d'une jeune méonide nommée Crisée, qui comptait à peine quatorze printemps : « Prenez courage, homme du soleil, lui dit cette aimable fille, en s'avan-çant avec vivacité ; je hais Namine, je vous aime, et je viens rompre vos chaînes. » Fort content d'échapper à la vengeance de Namine, Sahyd con-jura la jeune sauvage de finir promp-tement ses peines ; Crisée lui répéta qu'elle l'aimait, qu'elle le sauverait ; mais elle le pria d'avoir un peu de patience ; puis elle disparut, craignant sans doute d'être remarquée ; la nuit étant venue, elle tint sa promesse et le délia.

Le trop sensible Sahyd ne fut pas plutôt libre qu'il serra dans ses bras sa

(191)

jeune libératrice ; il appliqua sa bouche
sur les lèvres de rose de sa charmante
amie ; l'excès de sa reconnaissance pour
l'aimable méonide allait peut-être le
rendre coupable une seconde fois, mais
la vue de l'arbre où il venait d'être attaché lui rendit toute sa raison. Dans
ce moment la jeune sauvage fut re-
jointe par deux de ses compagnes à-
peu-près du même âge ; elles conduisirent Sahyd par des chemins détour-
nés, dans une grotte garnie de mousse
fraîche et remplie de fleurs. Les manières polies et galantes de l'Egyptien
leur plaisaient ; elles lui proposèrent
de rester dans ce lieu avec elles, lui
promettant de ne le laisser manquer de
rien. Sahyd les refusa ; il leur fit comprendre qu'elles seraient plus heureuses si elles voulaient le suivre ; parce
qu'il leur donnerait à chacune un mari
qui ne s'occuperait que du soin de leur
plaire. Charmées de cette promesse,
elles se laissèrent conduire à la nou-

velle habitation. Lorsqu'elles y arrivèrent, les Egyptiens, inquiets de la
longue absence de Sahyd, s'apprêtaient
à l'aller chercher. Il les revit avec un
sensible plaisir ; il embrassa aussi avec
joie les sauvages qu'il avait réunis, et
dont le bonheur était son ouvrage.

Après avoir remercié ses amis de
leur tendre amitié, Sahyd conduisit sa
libératrice et ses deux compagnes aux
jeunes sauvages qui n'avaient point de
femmes ; elles en choisirent chacune
un ; ensuite elles passèrent dans le bois
sacré, où l'on célébra leurs mariages.

Pendant les fêtes qui se donnèrent à
cette occasion, Namine parut avec plusieurs autres méonides. Malgré son in-
différence affectée, Sahyd lisait dans
ses regards les sentimens de tendresse
et de fureur qui agitaient son sein. Il la
pria de se choisir un époux ; mais elle
voulut rester libre. Cette résolution parut suspecte à l'Egyptien qui connaissait sa vivacité. Se défiant de cette jeune

fille, et plus encore de sa propre faiblesse, il se décida prudemment à quitter la colonie.

Dès le lendemain il se disposa à partir, au grand regret des Egyptiens et
des sauvages qui le regardaient comme
leur père. Les méonides témoignèrent
la plus vive douleur; l'aimable Crisée
fut inconsolable.

L'homme du soleil, touché de l'attachement des colons, leur promit de
revenir les voir; il les exhorta à vivre
en paix sous la conduite du sage Anysis, bien capable de les gouverner et
de les rendre heureux; ensuite, ayant
chargé son cheval de quelques provisions, il dit adieu à ses amis, et, les
larmes aux yeux, il se mit en route
accompagné de ses esclaves.

———

CHAPITRE XXXIII.

Sᴀʜʏᴅ s'avança dans les terres en se dirigeant vers le nord, et il marcha au hasard à travers des forêts immenses. Après les avoir parcourues quelque temps, il aperçut une méonide qui, demi-nue et les cheveux épars, fuyait devant un homme.

Certain que ce pays était habité, Sahyd réfléchit un moment à la conduite qu'il devait tenir avec les sauvages, dans le doute s'il était préférable de lier amitié avec eux ou de se soustraire à leur vue. Deux sauvages qui parurent alors le tirèrent d'embarras. Sahyd était descendu de cheval. Les barbares s'approchèrent de lui; ils touchèrent ses habits les uns après les autres, puis se regardant, ils témoignèrent une grande surprise. Après l'a-

voir bien examiné ainsi que ceux de sa
suite, ils lui firent signe de les suivre,
le conduisirent dans leurs cabanes et
lui offrirent des fruits.

Sahyd ne trouvant rien de farouche
dans la façon de vivre de ces hommes,
résolut de demeurer quelque temps
avec eux. Insensiblement il parvint à
s'en faire entendre, et leur langage lui
devint familier ; il prit leurs habitudes
et leurs usages.

La chasse et la pêche remplissaient
la journée de ces sauvages comme ceux
de la nouvelle colonie ; la seule différence c'est que ces derniers pêchaient
dans la mer, et les autres dans un
fleuve (*le Rhône*). Sahyd, qui n'avait
pour amusement que le livre divin de
Mercure sur l'origine des sciences et
des arts, suivait quelquefois les sauvages à la pêche, et plus souvent à la
chasse.

Un jour qu'il y alla seul, il aperçut
une méonide qui dormait couchée né-

gligemment sur le gazon ; un de ses
bras était passé sur sa tête, et ses cheveux, qui couvraient une partie de son
sein, en relevaient la beauté ; Sahyd la
contempla dans cette charmante attitude avec un plaisir infini ; son imagination lui fit trouver de la ressem-
blance entre son épouse et cette aimable sauvage ; bientôt son cœur ressentit
tous les feux de l'amour : « Ah ! chère
Délia, s'écria-t-il, vous avez donc
cessé de vivre ? mon cœur par ces nouveaux mouvemens ne me l'apprend que
trop : pourrait-il en aimer une autre si
vous existiez encore ? Je vous l'avais
laissé ; puisqu'il vient me chercher dans
ces déserts, il faut bien que vous me
l'ayez renvoyé ; lorsque j'aimai Namine,
je n'étais donc pas infidèle ? »

Bientôt Sahyd ne douta plus du retour de son cœur ; il ressentit des transports extraordinaires pour la belle en-
dormie ; ce qui les justifiait encore à
ses yeux, c'est qu'il reconnut que c'é-

tait la belle ame de Délia qui animait le corps de cette jeune sauvage et qui venait le chercher. Les Egyptiens croient à la métempsycose.

Délia (Sahyd ne lui donna plus d'autre nom) s'étant éveillée, voulut fuir, mais Sahyd la retint ; il lui parla de Sésostris , de Memphis ; il lui rappela ce jour mémorable qui commença sous de si heureux auspices et finit par la plus affreuse séparation ; elle avait tout oublié. Son cœur cependant semblait se souvenir de l'amour qui les unissait ; ses yeux ne montrèrent point de courroux lorsqu'il pressa une de ses mains dans les siennes et qu'il y colla ses lèvres.

Tout-à-coup elle voulut s'enfuir ; Sahyd la retint encore, et craignant de la perdre de nouveau il ne la quitta plus ; il habita la même cabane pendant quelque temps ; lorsqu'il l'eut accoutumée à le souffrir auprès d'elle, il l'engagea à le suivre dans les bois afin

de se soustraire à la vue des sauvages.
Il la mena dix lieues plus loin dans des
montagnes inaccessibles ; là , sous un
rocher , sans craindre les rivaux et les
envieux , il se croyait au comble du
bonheur lorsque la mort lui enleva sa
belle maîtresse presque entre ses bras.

Pendant huit jours Sahyd fut inconsolable. Enfin la raison venant à son
secours , il commença à chercher des
distractions ; la chasse lui en offrait de
toute espèce ; il se remit donc à battre
les bois. En avançant toujours , il arriva dans un endroit si épais qu'il lui
fut impossible de passer outre ; ses efforts lui firent apercevoir un petit sentier tellement couvert que , pour le
suivre , il fallait marcher sur les mains.
A peine Sahyd eut-il fait dix pas dans
cette situation gênante , que le chemin
devint de plus en plus facile , et laissa
voir une petite place entièrement couverte par les branches des arbres qui
se réunissaient de manière à former

un berceau impénétrable aux rayons
du soleil ; on marchait sur un tapis de
mousse très-doux et très-uni ; un joli
gazon régnait autour de ce lieu charmant, et se terminait des deux côtés à
un vaste rocher, qui ne semblait avan-
cer la tête que pour servir de couvert
à une grotte, ouvrage de la nature.

Sahyd n'y vit personne. Curieux
d'examiner cette retraite, il y entra :
le fond, très-obscur, cachait une espèce de petit lit de duvet ; Sahyd, un
peu fatigué, s'y reposa. Un séjour si
tranquille invitait au sommeil : Sahyd
en aurait volontiers goûté les douceurs,
lorsqu'il entendit soupirer dans un en-
foncement qu'il n'avait pas encore
aperçu : c'était quelqu'un qui se réveil-
lait.

Il vit bientôt paraître une jeune
méonide de la plus grande beauté.
Dieux suprêmes, s'écria-t-il, c'est
Délia à son printemps ! Voilà ce teint
de lis et de roses, ces yeux si beaux et

si doux, ces tresses blondes que j'ai admirées cent fois, ce cou d'albâtre et ces formes enchanteresses qui feraient le désespoir du plus habile statuaire ! Oui, les dieux, touchés de ma douleur, me la rendent et plus jeune et plus belle qu'ils ne me l'ont ravie ! En achevant ces mots, Sahyd court se jeter aux genoux de la jeune sauvage, qui fait un cri perçant à sa vue et disparaît. Plus amoureux qu'il ne l'avait jamais été, Sahyd jura qu'il aurait l'épouse que les dieux lui envoyaient, ou qu'il y perdrait la vie. Pendant deux mois il erra aux environs de la grotte. Il commençait à désespérer de la revoir, lorsqu'il l'aperçut qui était poursuivie par un jeune sauvage ; transporté de fureur il perça le téméraire d'un coup de flèche, et le malheureux tomba mourant aux pieds de la méonide.

Sans lui donner le temps de revenir de sa surprise, Sahyd la prit dans ses bras et l'enleva. Il n'ignorait pas que

le meurtrier d'un barbare était attaché
à un arbre, et qu'il mourait percé à
coups de flèches par les amis du défunt.
Pour éviter ce châtiment, il s'éloigna
du pays avec sa proie ; il redoutait tellement de perdre cette belle fille, qu'il
la tint attachée avec des lanières de
peau de biche.

Sahyd et sa belle amie traversèrent
des déserts affreux et entièrement in-
habités ; ils franchirent des rochers
d'une hauteur épouvantable, des précipices d'une profondeur terrible, des
fleuves, des rivières, sur des ponts
formés par la nature, de vastes forêts
aussi anciennes que le monde, dont les
arbres, tombés d'eux-mêmes et crus
les uns sur la ruine des autres, faisaient
des chemins impraticables : mais l'a-
mour et la crainte leur donnaient le
courage de tout surmonter.

Ils arrivèrent enfin sur les bords
d'un fleuve qu'ils nommèrent *Seine*,
de *seinis*, mot égyptien qui signifie

2.   18

amour, fleuve d'amour. Ce rivage alors inculte voyait sans doute pour la première fois des êtres raisonnables.

Sahyd choisit ce lieu charmant pour y établir sa demeure. Il commença par faire trois cabanes qu'il environna d'un fossé, une pour lui et sa maîtresse, les deux autres pour mettre des animaux ainsi que les petites provisions. Il appuya la sienne contre un rocher, la revêtit en dedans et en dehors de peaux très-soigneusement jointes ensemble avec des brins d'osier ; il n'y laissa qu'une petite ouverture pour servir de porte, sur laquelle tombaient d'autres peaux.

Sur ces entrefaites, le froid se fit sentir ; la jeune sauvage, élevée dans un pays plus chaud, y parut très-sensible ; Sahyd, que l'amour rendait industrieux, assembla les peaux les plus fines, et il en fit deux robes longues à son amie, lesquelles fermaient par devant avec de petites broches de buis ;

elle eut aussi des bas de peau de lièvre, des gants et un bonnet de la même étoffe.

Sahyd s'étant habillé dans le même goût, pensa ensuite à faire des provisions. Il fit deux sacs de peau, les mit sur son cheval, et ramassa pendant plusieurs jours une grande quantité de fruits.

Bientôt l'hiver apporta les neiges et les brouillards; la campagne, dépouillée de ses fleurs, n'ayant plus de charmes, Sahyd et sa jeune amie restèrent dans leur cabane auprès du feu.

Le soleil reparaissait avec éclat, la nature se ranimait, les fleurs commençaient à parer la terre, lorsque la jeune sauvage, ennuyée de la solitude, voulut aller dans la campagne; son amant n'y mit point d'obstacle, car il croyait le pays inhabité. La jeune méonide, heureuse de se trouver libre, se mit aussitôt à fuir avec la légèreté d'une biche; Sahyd, resté à la porte de sa

cabane, l'appela en vain ; saisi de ter-
reur, il courut après elle, mais elle
avait disparu pour jamais.......

L'infortuné Sahyd fit retentir les bois
de sa vive douleur ; il appela Délia,
mais les échos seuls lui répondirent.
Dans son désespoir il voulait se laisser
mourir ; sa cabane, n'étant plus embellie par l'objet de son amour, lui semblait affreuse ; sa solitude l'épouvan-
tait ; il n'avait ni la force de supporter
ses peines, ni celle de chercher à s'en
distraire.

Un rayon d'espoir apporta quelque
soulagement à ses maux : se prome-
nant tout pensif sur son petit domaine,
un oiseau percé d'une flèche vint tomber à ses pieds ; il lève la tête et semble
sortir d'un long assoupissement ; son
cœur bat avec violence ; il peut retrouver Délia, car elle a été enlevée !...,
Aussitôt il monte à cheval et part avec
toute la vivacité d'un homme qui cherche le bonheur.

Après une marche assez longue à travers de vastes et riantes solitudes qui bordaient le rivage du fleuve, il aperçut deux hommes sur le penchant d'une petite montagne ; il les aborda. Ces sauvages étaient d'une taille avantageuse et d'une figure agréable ; ils parurent extrêmement surpris à la vue de Sahyd ; mais celui-ci, qui parlait leur langue, dissipa leur crainte, et il leur demanda sa chère Délia.

Les honnêtes sauvages ne purent lui en donner des nouvelles ; mais ils lui apprirent que le pays était habité. A la suite d'une conversation assez longue, les deux inconnus prirent beaucoup d'estime pour l'Egyptien, et celui-ci en conçut aussi pour eux. Il les suivit, et demeura dans la cabane de *Kalof*, qui avait de la douceur et du courage, pour s'instruire des mœurs des sauvages de cette contrée.

Sahyd, ne pouvant plus se flatter d'être heureux après la perte qu'il ve-

nait de faire , voulut au moins contribuer au bonheur des sauvages , en les
réunissant en société. Il fit part de ses
projets à ses nouveaux amis , et les
mena à son habitation. Charmés de la
beauté du lieu , ils y construisirent dès
le même jour des cabanes.

Les jours suivans, Sahyd et ses deux
amis allèrent chercher des sauvages
qui, moins farouches en cet endroit
que partout ailleurs, les suivirent aussitôt. En fort peu de temps , le rivage
de la Seine se trouva bordé de plus de
cent cabanes. Cette nouvelle habitation
fut nommée *Parisis.*

Paris (par Isis, ville d'Isis) ou *Parisis* était donc dans son commence-
ment une vaste forêt , dont les arbres
entièrement dégagés par le bas , et des
plus touffus par le haut , formaient
une espèce de souterrain de verdure ,
où régnait en tout temps une lueur
sombre , et où ne parvenaient que
rarement quelques rayons du soleil

qui traversaient les arbres agités par le vent. De distance en distance , on voyait des maisons répandues çà et là, et de longues allées qui conduisaient de l'une à l'autre. Dans ces jardins naturels se promenaient de belles femmes devenues d'une blancheur éblouissante depuis qu'elles avaient des maisons logeables, et qu'elles étaient couvertes de longues robes. Ces industrieuses méonides savaient donner un air galant à leur mise simple et rustique ; leurs cheveux, tantôt relevés sur la tête, tantôt flottans sur les épaules , les paraient en leur prêtant de nouvelles graces. Comme les étoffes n'étaient pas communes, la plupart des hommes n'étaient encore couverts que de feuilles de lierre pendant l'été , et de peau pendant l'hiver. Ils travaillaient sans cesse à labourer la terre , ou à se construire des maisons ; tandis que les méonides, assemblées par groupe sous des berceaux de verdure, chantaient et dansaient tout le long du jour.

La paix et l'amour régnaient dans tous les cœurs des nouveaux Parisiens : tous les commencemens sont beaux. La vie heureuse, mais uniforme, que menaient les sauvages, les ennuya bientôt ; plusieurs entreprirent des voyages dans l'intention d'augmenter le nombre des habitans de Parisis. Au bout de quelques semaines, ils rapportèrent de chez un peuple qui habitait une colline sur la droite de la Saône, des étoffes, du blé, et toutes sortes d'outils de fer pour couper la pierre et le bois. Charmé à la vue de tous ces trésors dont il connaissait l'usage, Sahyd, aidé du livre de Mercure, fit construire aux sauvages des bâtimens solides à la place de leurs maisons de bois.

L'année suivante, Kalof, à la tête de quelques sauvages, conduisant plusieurs chevaux chargés de laine et de

peaux pour faire des échanges, retourna à la ville industrieuse qu'on nommait *Lyon*. Peu de temps après, la
petite troupe revint chargée d'étoffes
superbes, et de quantité d'outils de
toute espèce. Kalof apprit à ses compatriotes qu'il avait vu à Lyon des
Egyptiens, auxquels il avait parlé de
Sahyd ; qu'en l'écoutant, ces étrangers
avaient donné des marques d'une
grande surprise ; qu'ils désiraient beaucoup voir Sahyd, parce que, disaient-
ils, ils avaient des nouvelles très-inté-
ressantes à lui communiquer, et que
sans doute on les verrait bientôt dans
Parisis.

Au bout de huit jours, qui parurent
des siècles à Sahyd, on vit arriver à
Parisis une troupe de sauvages avec
plusieurs Egyptiens, accompagnés d'artisans que Lyon envoyait à la nouvelle
ville, comme un cadeau du plus haut
prix. Les étrangers d'outre-mer étaient
tous grands seigneurs ; ils possédaient

la poésie, l'éloquence, la musique, la peinture ; ils dansaient à merveille, et jouaient à toutes sortes de jeux ; mais depuis leur sortie d'Egypte, on n'avait encore eu besoin d'aucun de ces arts.

Glaphyr, le plus considérable d'entre eux, ancien ami de Sahyd, courut l'embrasser aussitôt qu'il le vit ; puis, le prenant à l'écart, il lui demanda par quel miracle il le trouvait vivant sur cette terre sauvage, lui que l'on pleurait mort en Egypte ? Sahyd lui raconta la violence qu'on lui avait faite ; puis son embarquement, et enfin son arrivée en Europe. Glaphyr l'instruisit à son tour de la conduite odieuse d'Abutich ; il lui dit ensuite que Délia vivait ; que cette jeune femme, le modèle des épouses, avait fui loin de la cour, chez des pasteurs lybiens, et qu'elle pleurait toujours son cher Sahyd, sans vouloir de consolation.

Sahyd fut un peu confus d'apprendre que son cœur volage avait ainsi

couru le monde, et qu'il ne lui restait pas la plus petite excuse pour pal-
lier ses infidélités ; il prit cependant son
parti en songeant que Délia ignorerait
toujours ses peccadilles, qu'ainsi son
repos n'en souffrirait pas. Il fut moins
indulgent pour le perfide Abutich; sensible à l'excès à la trahison de ce favori, il jura de laver son injure dans le
sang du traître : dès ce moment, son
départ fut résolu. Après cette conversation, Sahyd et Glaphyr furent rejoindre la compagnie; les Egyptiens firent
tous ensemble le tour de la nouvelle
ville, ensuite ils revinrent dans la maison de Sahyd, où ils trouvèrent un
très-bon souper.

Sur la fin du repas, Sahyd pria son
ami de leur raconter par quel événement il avait le bonheur de le voir
ainsi que ses compagnons; Glaphyr
s'empressa de le satisfaire, et commença en ces termes : « Plusieurs vaisseaux, chargés d'hommes de toutes

classes, étaient partis d'Egypte depuis
plusieurs mois, lorsque nous nous em-
barquâmes avec l'intention de les suivre, pour aller fonder une colonie dans
l'Asie mineure. Le vent nous fut d'a-
bord favorable ; mais il devint tout-à-
coup si impétueux, que ne pouvant
plus tenir de route certaine, nous
pliâmes nos voiles, et nous nous aban-
donnâmes au malheureux sort qui nous
semblait réservé.

La nuit qui survint redoubla l'horreur de notre situation : le tonnerre se
fit entendre ; les éclairs ne semblaient
briller que pour nous faire entrevoir
les vagues soulevées par les vents, et
les abîmes ouverts de toutes parts pour
nous engloutir.

Le calme succéda enfin à la tempête,
et le plus beau jour à la nuit la plus affreuse. Au retour du soleil, qui se leva
pâle et sans force, nous aperçûmes la
terre à quelque distance ; peu de temps
après nous gagnâmes l'embouchure

d'un fleuve, que nous remontâmes sans savoir en quelle contrée nous étions.

Quelle différence entre ce jour et les précédens! la vue n'était plus épouvantée des précipices affreux sur lesquels, un moment après, les vents élevaient des montagnes liquides, blanches d'écume qui, se brisant contre notre vaisseau, nous mettaient entre la vie et la mort; de charmans vallons, des plaines riantes, de petites collines couronnées de forêts en forme d'amphithéâtre, attiraient nos regards enchantés et surpris.

De temps en temps nous apercevions des sauvages; les uns fuyaient en nous voyant; d'autres plus hardis, attirés par la nouveauté du spectacle que nous offrions à leurs yeux, accouraient sur le rivage pour nous voir passer.

Après plusieurs jours d'une navigation toujours favorable, nous décou-

vrîmes des espèces de barques de pêcheurs faites de peaux; chacune ne
portait qu'un sauvage; elles étaient si
petites, qu'il fallait être fort près pour
les distinguer.

Plusieurs de ces sauvages vinrent
autour de notre vaisseau; ils l'examinaient avec beaucoup d'attention,
et comme quelque chose qu'on veut
imiter.

Lorsque nous fûmes arrivés dans
l'endroit où le fleuve se partage en
deux, ses eaux divisées ne pouvant
plus soutenir le vaisseau, nous débar-
quâmes. Après avoir fortifié notre retraite d'un fossé profond, et mis nos
vivres à couvert, nous cherchâmes à
connaître le caractère et la façon de
vivre de nos voisins, pour savoir si
nous vivrions en amis ou en ennemis.

Pour cela, nous n'eûmes pas besoin
de sortir de notre enceinte ; les sauvages vinrent nous trouver, dès le jour
suivant, dans leurs petits canots ; ils

nous apportèrent d'eux - mêmes des arcs, des flèches, dont la pointe, faite d'une racine très-dure, perçait aussi aisément que le fer; puis des paniers d'osier, des filets de pêcheurs faits de soie, des peaux, du poisson, des fruits et toutes sortes de vases d'une terre cuite au soleil, et faits avec une adresse et une propreté surprenantes.

Habitués insensiblement à nous voir, ils nous invitèrent à les suivre dans leurs cabanes; nous fûmes bien armés leur rendre visite. Ils occupent une vaste plaine fort agréable, située de l'autre côté du fleuve, au couchant de l'endroit où nous avons débarqués. Leurs cabanes sont faites de branchages, enduites partout et couvertes de cette terre dont ils font des vases; ces maisonnettes se trouvent au milieu des terres qu'ils cultivent.

Si je trouvai leurs demeures des plus simples, en retour je fus agréablement surpris à la vue de leurs jardins : chaque cabane est environnée d'un joli parterre, où des fleurs de toute espèce répandent une odeur admirable ; des arbres fruitiers, formant des allées ou des labyrinthes, enrichissent leurs maîtres, leur réjouissent la vue et les mettent à l'abri des rayons du soleil ; de petits bois d'orangers, de châtaigniers, de maronniers, et sur-tout de muriers couverts de vers-à-soie, environnent de toutes parts leur petit domaine.

L'occupation d'une partie de ces peuples est de cultiver la terre ; de tirer de son sein toute sorte de fruits, de plantes et de légumes ; puis d'entretenir un commerce avec leurs voisins en leur fournissant de la soie pour faire des lits, des filets, des cordes nattées pour les arcs.

Lorsque je pus entendre les sauvages, ils m'apprirent qu'il y avait sur les bords de la mer une ville opulente nommée *Massilia* (1), dont plusieurs

____

(1) Marseille.

habitans venus depuis quelques an-
nées, s'étaient établis dans le voisinage. Ils s'offrirent de me conduire
dans cette colonie, qui n'est autre que
Lyon ; j'acceptai avec plaisir, et le
lendemain je fus reçu dans cette ville
par des hommes industrieux et polis.
Je vis avec surprise les manufactures
qu'un habile ouvrier vient d'y établir.
Dans de vastes maisons, une multitude innombrable de vers-à-soie travaillent sous les yeux des méonides,
qui se font un amusement de dévider
l'ouvrage de ces petits animaux ; plus
loin des hommes préparent la soie ;
d'autres la travaillent sur un métier,
et en font toutes sortes d'étoffes.

L'avantage d'être habillé, meublé
et logé commodément, n'est pas le
seul que la colonie retire de son industrie, elle s'enrichit encore par le commerce avec les sauvages, qui lui donnent
en échange de ses étoffes des fruits,
des peaux, des moutons, des bœufs,

des chevaux, des chèvres, et quantité d'autres animaux domestiques; mais, ajouta Glaphyr en parlant à Sahyd, qu'est-il besoin de vous détailler toutes ces choses, puisque vous en jugerez par vous-même? »

A ces mots tous les Egyptiens se regardèrent avec surprise, ne comprenant pas le sens de ces paroles. Sahyd les leur expliqua ; il leur raconta son histoire, et les persuada aisément de la nécessité où il était de retourner en Egypte. Il promit aux Egyptiens qu'il laissait à Parisis, de revenir avec Délia et d'autres richesses terminer ses jours avec eux : cette promesse adoucit un peu la douleur que leur causa la nouvelle d'une si longue absence.

Sahyd prépara de même les sauvages à la perte qu'ils allaient faire ; pendant huit jours qu'il resta encore à Parisis, ces bonnes gens ne le quittèrent presque pas ; ils lui firent répéter vingt fois la promesse qu'il leur avait faite de revenir parmi eux ; et il put voir que la reconnaissance est souvent plus vive dans le cœur d'un sauvage que dans celui d'un homme civilisé.

Le moment du départ fut sensible à Sahyd ; en quittant cette ville où tout était son ouvrage, et où régnaient la paix et le bonheur, il soupira profondément. Les sauvages, levés ce jour-là avant l'aurore, escortèrent leur ami, leur père, le plus loin qu'il leur fut possible ; quelques-uns même, conduisant des chevaux chargés de provisions, firent toute la route avec lui.

L'arrivée des Egyptiens causa beaucoup de joie aux Lyonnais ; sous leurs auspices Sahyd fut reçu avec distinction. Dès le lendemain, Glaphyr le conduisit dans les manufactures ; il vit partout des étoffes de soie, des toiles sur des metiers, tandis que de laborieuses méonides, tant sauvages qu'égyptiennes, filaient, sous les yeux de leurs maris, le chanvre et le lin, à

l'imitation d'une plante à-peu-près semblable, dont on faisait en Egypte le
même usage : les moutons, dont ils
avaient rassemblé des troupeaux, leur
donnaient aussi leurs toisons pour les
habits d'hiver.

Sahyd s'arrêta sur-tout au métier
de Léontis, ce chef de manufactures
qui, venu à la tête de la colonie, avait
créé toutes ces merveilles. On voyait
naître sous les doigts de cet habile ouvrier tout ce que l'Egypte possède de
plus curieux, ses fleurs, ses arbres, ses
oiseaux, et jusqu'à ses palais. Sahyd
félicita Léontis de ses talens. Glaphyr,
qui voulait lui témoigner sa satisfaction et sa reconnaissance, lui donna
un diamant de grand prix, mais beaucoup moins précieux, dans la circonstance présente, qu'une pièce d'étoffe
que Léontis le pria d'accepter pour son
usage. Glaphyr sentit combien ce qu'il
recevait était au-dessus de ce qu'il
donnait : son bijou n'était qu'un orne-

ment frivole, d'aucune utilité dans ces déserts ; il voyait avec peine et confu- sion que sa haute naissance, ses ri- chesses, son pouvoir, ne le mettaient pas en état de payer un présent ; qu'il était forcé de céder à Léontis en géné- rosité ; que les dons de la fortune et du hasard qui le rendaient si vain, ne pouvaient contribuer dans cette ville ni à son bonheur, ni à celui des autres ; et qu'un simple maçon, un charpen- tier, un tisserand, etc., étaient plus utiles à la société que les nobles Egyp- tiens ses amis, hommes sans ressour- ce, qui n'avaient que le talent de vivre où ils trouvaient tout abondamment et du monde pour les servir.

Si l'industrie des Lyonnais excita l'admiration des Egyptiens, la sagesse de leurs lois les surprit bien davan- tage. On voyait régner chez ce peuple une égalité parfaite ; chacun y était es- timé selon qu'il était plus ou moins utile à tous, selon qu'il contribuait au bonheur du plus grand nombre. On ne souffrait point d'esclaves à Lyon, pas même de serviteurs ; le soin du ménage dans chaque famille appartenait aux femmes ; quiconque eût voulu se distinguer par une vie oisive et voluptueuse, en jouissant du travail de ses laborieux concitoyens sans y prendre part, ou en rabaissant l'espèce humaine à l'avilissante servitude, celui-là eût bientôt vécu dans un entier abandon, digne fruit d'un orgueil qui offense également les hommes et les dieux.

Le gouvernement de cette colonie, ouvrage des bonnes mœurs et de la bonne foi, fut aussi très-simple et convenable à tous ; car personne ne cherchait à dominer. Le magistrat suprême était un président élu ou réélu d'année en année et choisi à une grande majorité. Toutes les affaires importantes s'examinaient dans un conseil des chefs de famille ; elles étaient en-

suite portées devant l'assemblée générale du peuple , qui les rejetait ou
les approuvait.

La justice était rendue par de respectables vieillards d'une grande prudence et d'une haute sagesse. Chaque
particulier en procès , déguisant avec
soin son rang et sa naissance , détail-
lait toutes ses raisons par écrit ; les
mémoires des deux parties étaient por-
tés ensemble, la nuit , dans une boîte
publique , ouverte à tout le monde
pour cet usage à l'entrée du temple de
la déesse *Equité*. C'est là que les vieillards , après avoir pesé mûrement les
raisons de part et d'autre , pronon-
çaient les arrêts en public à certains
jours marqués ; de sorte que ces juges
absolvaient toujours l'innocent , et
condamnaient le coupable sans le connaître , parent , ami ou ennemi, quelqu'il fût.

Glaphyr et ses amis trouvèrent d'a-
bord ce régime fort étrange ; mais ils

eurent assez d'esprit, n'étant pas les
plus forts, pour s'y conformer ; ils
gagnèrent si bien le cœur des Lyonnais, que s'étant fixés parmi-eux, ils
n'eurent pas lieu de regretter l'Egypte.

Impatient de satisfaire la vengeance
et l'amour, Sahyd quitta ses amis pour
prendre la route qui mène à la mer.
Glaphyr et les autres Egyptiens le conduisirent l'espace de quelques lieues ;
ils lui donnèrent pour gardes une
vingtaine de jeunes sauvages, armés
d'arcs et de flèches.

Après s'être promis de se revoir,
Sahyd et ses amis se séparèrent, se re-
commandant réciproquement à la bonté des dieux. Sahyd continua sa route
dans le plus profond silence; de graves
pensées l'agitaient; quelquefois le plaisir de revoir une épouse belle et sage
le faisait tressaillir de joie ; mais l'affreuse image d'Abutich lui apparaissait et rembrunissait aussitôt son front.

Pendant son séjour à Parisis, Sahyd

avait pensé très-souvent aux Egyptiens qu'il avait laissés dans la première
colonie, sur les bords de la mer, quand
il était venu en Europe. Les événe-
mens, puis l'énorme distance qui était
entre eux, l'avaient toujours empêché
d'en savoir des nouvelles; lorsqu'il
partit pour retourner en Egypte, il se
fit un plaisir d'aller les surprendre;
dans ce dessein, il dirigea sa marche
vers cette partie de la côte méridio-
nale.

L'arrivée de Sahyd dans la nouvelle
ville fut une véritable fête pour tous
les habitans : chaque Egyptien croyait
revoir son meilleur ami; les sauvages
mêmes, hommes et femmes, donnèrent des signes d'une grande joie; Anysis, ce vieillard égyptien, si infortuné,
fut tellement ému en revoyant Sahyd,
qu'il en répandit des larmes; là tendre
Crisée, devenue mère, rougit et baissa
les yeux; la malicieuse Namine sourit
en le regardant : malgré l'absence, Sa-

hyd et cette belle méonide n'avaient
rien oublié.

Depuis sa fondation, la colonie s'é-
tait considérablement accrue. Marseille y avait envoyé des hommes habiles en tout genre qui, en peu de
temps, l'avaient rendue florissante. La
pierre de taille, artistement élevée,
remplaçait les maisons de bois, et formait un abri sûr et commode ; un grand
nombre de fabriques et de manufactures annonçaient l'industrie et les res-
sources de ces nouveaux habitans, et
leur faisaient faire des échanges avantageux avec d'autres nations ; des murailles solides entouraient la ville ; en
sortant dans la campagne, on voyait à
une grande distance des terres en plein
rapport, qui annonçaient l'abondance
et la richesse.

Véritablement surpris des progrès
de la civilisation dans cette petite ville,
Sahyd obtint de ses amis qu'après son
départ, ils enverraient à Parisis quel-

ques-uns de ces hommes rares, auxquels ils étaient redevables de leur pros-
périté, et qu'Anysis les y conduirait,
afin qu'il le retrouvât à son retour. Le
vieillard y consentit avec plaisir ; vivre
auprès de Sahyd lui semblait un si
grand bonheur !....

Sahyd resta huit jours dans la colonie, et il la quitta malgré lui ; mais de si
grands intérêts l'appelaient en Egypte,
qu'il ne pût retarder plus long-temps
son voyage. Après des adieux touchans
et des promesses réitérées de se revoir,
Sahyd et les Egyptiens se séparèrent ;
le premier continua sa route en prenant le chemin de Marseille.

CHAPITRE XXXIV.

Sahyd étant arrivé à Marseille, congédia les sauvages qui l'avaient accompagné ; ensuite il s'occupa à visiter la ville, qu'il trouva peu différente de Memphis, sous le rapport des sciences et des arts. Les Marseillais, dont le commerce était très-étendu, lui fournirent un vaisseau tout équipé, sur lequel il se mit en route,

Lorsqu'il fut à la hauteur des côtes de l'Egypte, il pria le capitaine de l'attendre ; puis, remontant le Nil jusqu'à Memphis, sur une simple barque, il arriva le soir dans cette capitale. En mettant le pied sur le rivage, Sahyd éprouva une émotion qu'il ne put maîtriser : il rentrait dans sa ville natale, dans cette ville, témoin de sa haute renommée, de son opulence, de

sa faveur, et il y rentrait en proscrit !
Il allait y chercher ou y donner la
mort ! Ce pays si riche n'était plus pour
lui qu'une terre ingrate, qui portait
des fruits empoisonnés et qu'il devait
fuir !.... Des pensées si douloureuses
lui arrachaient des larmes ; il fut long-
temps sans avoir la force de prendre
un parti.

Enfin, à la nuit close, il marcha vers
la demeure de Magas, ami de son enfance, qui le pleurait encore. A sa vue,
Magas fut saisi d'étonnement ; il ne
pouvait en croire ses yeux. Bien sûr
cependant qu'il ne se trompait point,
il l'embrassa avec une joie sincère ; et,
l'ayant conduit dans le fond de son palais, il lui demanda l'explication d'une
chose si surprenante, qu'elle brouillait
toutes ses idées. Lorsque Sahyd l'eut
instruit de ses infortunes, Magas ex-
prima, dans les termes les plus forts,
l'indignation dont il était pénétré contre les auteurs d'un crime si horrible ;

en y réfléchissant, il n'en trouva point
d'autre qu'Abutich , qui avait recueilli
les dépouilles de celui qu'il avait
sacrifié. Avec cette persuasion, il af-
fermit Sahyd dans sa vengeance ; mais
il l'engagea d'y procéder lentement,
afin de la rendre immanquable. Sahyd
avait une grande confiance dans son
ami; il s'abandonna à ses conseils, et
resta dans son palais sans que personne
en eût la moindre connaissance.

Magas envoya un messager en Lybie, avec une lettre par laquelle Sahyd
instruisait Délia de son existence. Il
lui racontait aussi, en peu de mots, de
quelle manière on les avait séparés ;
puis il la priait de venir le joindre sur
la frontière, se réservant le plaisir de
lui conter lui-même toute son histoire.

A cette étonnante nouvelle, la joie
de Délia fut proportionnée à la douleur qu'elle avait ressentie , lorsqu'elle
croyait son époux mort dans les flammes. Se disposant aussitôt à partir, elle

embrassa en pleurant Chibili et Asna;
et elle leur donna son palais et ses dé-
pendances pour reconnaître en partie
l'amitié qu'ils avaient eue pour elle.
Les deux vieillards la serrèrent dans
leurs bras débiles, et ils lui dirent un
éternel adieu ! !..... Cet adieu solennel,
terrible, retentit au fond du cœur de
la sensible Délia!.... Elle s'arracha de
leurs tendres et douloureuses étreintes;
puis ayant rassemblé son or et ses bijoux, elle se mit en route, accompagnée
de sa mère, et escortée de la plupart
des serviteurs de ses vieux amis. Au
bout de quelques jours, elle arriva
sans accident sur les frontières d'E-
gypte.

Sahyd venait à sa rencontre; elle
trouva ce cher époux sur la route: impatient de la revoir, il avait dépassé de
beaucoup la ville où il devait s'arrêter.
Sahyd pressa délicieusement Délia
contre son cœur; le bonheur de la tenir entre ses bras après tant de tra-

verses, lui parut si grand, qu'il oublia
jusqu'à la méchanceté d'Abutich. Au
milieu des plus tendres caresses, il dit
à sa femme qu'elle n'était jamais sortie
de sa mémoire ; que, toujours occupé
d'elle, ayant toujours son image devant les yeux, elle avait été, à tous les
instans, l'objet de son culte et de son
idolâtrie. Délia l'écoutait avec plaisir ;
elle le crut de la meilleure foi du
monde. Sahyd l'assura encore qu'il
l'aimait plus en ce moment qu'il n'a-
vait jamais fait ; en cela au moins il disait la vérité : Délia avait pour lui les
charmes d'une nouvelle conquête. La
certitude d'être aimé véritablement
d'une femme aimable et vertueuse la
lui rendait très-chère ; la pudeur em-
bellissait aussi Délia aux yeux de Sahyd : la modestie, qui sied si bien aux
belles femmes, et qu'il eut cherchée
vainement dans l'état de nature, rendait cette jeune personne bien supérieure aux beautés sauvages de l'Eu-

rope; ces vêtemens égyptiens même,
quelquefois importuns, jusqu'à ce long
voile qui enveloppait et cachait sa
taille élégante, tout enfin tournait chez
elle au profit de l'amour, et la trans-
formait en une espèce de divinité qui
captivait les sens, charmait l'esprit et
occupait le cœur ; enfin Délia, présente, ne pouvait avoir de rivale.

Le premier moment d'ivresse étant
passé, les deux époux se firent part
mutuellement de leurs aventures. Dans
ce récit, Sahyd, comme on peut le
croire, fut moins sincère que Délia.
Après l'avoir entendue, il connut toute
l'affreuse trame ourdie par Abutich
pour le perdre ; Sahyd vit aussi l'impossibilité de reparaître à la cour, où
son ennemi était tout puissant. Sans
instruire Délia de la vengeance qu'il
méditait, il la fit convenir qu'il n'y
avait point de sûreté pour eux en
Egypte, et il la décida à le suivre en
Europe. Délia consentit à tout ce que

voulut son mari : quelque terre qu'elle habitât, elle était sûre d'y être bien, pourvu qu'elle fût avec Sahyd. La voyant dans ces favorables dispositions, son époux l'engagea de l'aller attendre sur les bords du Nil, où il irait bientôt la rejoindre, après avoir terminé à Memphis des affaires indispensables.

En prononçant ces derniers mots, Sahyd laissa échapper la main de Délia qu'il tenait dans les siennes, et fit un geste menaçant ; son regard devint dur, farouche ; tous ses traits se décomposèrent. Délia, effrayée d'un changement si subit, lui en témoigna sa surprise, et voulut en connaître le motif ; il la supplia avec tant d'instance de lui pardonner, pour le moment, un mystère qui bientôt lui serait connu, qu'elle n'osa pas le presser davantage ; mais elle le vit s'éloigner avec un serrement de cœur inexprimable ; et tout ce qu'il put lui dire pour la rassurer ne la tranquillisa pas.

Pendant que Sahyd était auprès de sa femme, Magas s'assurait d'un grand nombre d'artisans, selon qu'il en était convenu avec son ami, et il les envoyait au vaisseau avec des outils de toute espèce, des plantes, des graines et quantité d'autres choses utiles.

Tout étant prêt, Sahyd se rend chez Abutich à l'heure qu'il sait le trouver seul, et il arrive sans obstacle jusqu'à la porte de son appartement. Il entre; son attitude est menaçante et son regard terrible. En le voyant, Abutich recule glacé d'effroi; Sahyd ne lui laisse pas le temps de revenir de sa surprise : « Scélérat, lui dit-il, je connais toutes tes perfidies, et je viens en tirer vengeance, défends-toi. » En même temps il met l'épée à la main. Le lâche Abutich tremble pour sa vie; au lieu de se mettre en garde, il appelle ses esclaves et veut fuir; Sahyd, furieux, lui barre le passage ; indigné de tant de bassesse, il lui plonge son épée dans le corps et le voit rouler à ses pieds. Quitte envers ce monstre, il traverse le palais au milieu d'une troupe d'esclaves qui, le connaissant très-bien, restent immobiles dans une sorte de stupéfaction, parce qu'ils le prennent pour un fantôme.

Sorti très-heureusement de Memphis, Sahyd fut retrouver Délia : « Partons, chère épouse, lui dit-il, en lui donnant le bras et l'entraînant vers le bateau qui les attendait ; vous êtes vengée : en ce moment le traître Abutich expire..... » La tremblante Délia suivit son époux sans proférer une seule parole. Lorsqu'elle fut dans le bateau, elle lui demanda des détails sur cet événement, et Sahyd lui raconta ce qu'il venait de faire. Délia sentit le danger de leur position : rien ne prouvait qu'Abutich eût perdu la vie ; et, s'il existait encore, ils avaient tout à craindre de sa haine et de son pouvoir. Pour calmer ses frayeurs, les matelots

redoublèrent d'activité ; enfin, à force
de rames, on quitta le Nil et l'on gagna la mer. Sahyd et Délia furent reçus
avec joie par le capitaine du navire
qui, n'ayant plus rien qui le retînt à la
côte, leva aussitôt l'ancre et se mit en
route,

Les craintes de Délia n'étaient que
trop fondées : Sahyd, aveuglé par la
colère, avait frappé son ennemi au hasard et sans même le blesser, Abutich
fit aussitôt courir après lui un fameux
pirate, qu'il mit dans ses intérêts en
lui donnant une forte somme, et auquel il ne demanda que la mort de Sahyd. Le forban servit Abutich avec
une extrême célérité, dans l'espérance
de piller le vaisseau. L'ayant atteint le
second jour, il l'attaqua, et parvint
même à l'accrocher, Les deux équipages en étant venus aux mains, se
battirent à outrance. Sahyd se défen-
dait comme un lion ; c'était sa vie qu'on
voulait avoir : c'était Délia qu'il fallait

sauver de l'esclavage. Le corsaire, qui s'attachait particulièrement à lui, fut étonné d'une telle résistance. Enfin, après avoir tué plusieurs hommes de sa main, Sahyd, accablé par le nombre, tomba couvert de blessures et baigné dans son sang. Dès ce moment le pirate, qui le crut mort, ne pensa plus qu'au pillage : il fit transporter sur son vaisseau les richesses des Egyptiens, prit dans ses bras Délia évanouie, et remit à la voile. Délivré du corsaire, l'équipage vaincu s'éloigna en toute hâte, et gagna en peu de temps un hâvre brut sur les côtes de l'Europe.

Etant à terre, on porta Sahyd, toujours sans connaissance, chez un sauvage qui s'occupait de la pêche, et dont la cabane était près des bords de la mer. Lorsqu'il reprit ses sens il demanda Délia. A cette question, chacun baissa les yeux sans lui répondre. L'infortuné crut que sa femme avait perdu la vie ; le désespoir s'empara de son

cœur; il arracha l'appareil de ses blessures, voulant suivre sa Délia dans le
tombeau !... Afin de lui rendre l'espérance, on lui avoua la vérité, mais sa
douleur ne fut pas moins vive pour
avoir changé d'objet, et Délia au pouvoir d'un barbare lui offrait une image
si affreuse qu'elle bouleversait tous ses
sens. Pour comble de maux, il apprit
quelques jours plus tard, que la mère
de sa femme était morte dans la traversée, à la suite du combat, après
avoir vu le pirate enlever sa fille.....
Des chagrins si sensibles le plongèrent
dans une profonde mélancolie, et re-
tardèrent beaucoup sa guérison.

Pendant la maladie de Sahyd, les
Egyptiens, campés sur le rivage, surent
par des marchands qui trafiquaient sur
la côte, que Parisis avait de grands sujets d'alarme : des barbares du Nord,
vivant de pillage, étaient venus fondre
à l'improviste sur la ville naissante ;
plusieurs petits combats avaient déjà

eu lieu; la valeur des habitans de Parisis multipliait les victimes sans leur
donner la victoire, parce qu'ils n'a-
vaient aucune idée de la tactique. Le
sage Anysis ne pouvait rien pour eux
dans cette circonstance : courbé sous
le poids des ans, son bras débile était
incapable de soulever la pique ou de
lancer le javelot : c'en était fait de la
colonie si un habile guerrier ne se présentait pour la défendre.

Ces tristes nouvelles étant parve-
nues jusqu'à Sahyd, il en fut très-af-
fecté. Parisis était son ouvrage et celui
de ses compatriotes ; ces chers amis,
qu'il se faisait un si grand plaisir de
revoir, succomberaient peut-être dans
ce désastre; Parisis, objet de sa complaisance, et où il venait fixer sa demeure, Parisis, le seul asile qu'il eût
au monde, allait bientôt disparaître,
et ses habitans rentrer dans l'état sauvage !!... Cette pensée lui fit tant de
peine que, malgré sa faiblesse, il vou-

lut partir sur-le-champ pour voler à
son secours, et préserver la colonie,
s'il était possible, de sa destruction
totale.

En conséquence, il fit venir le capitaine du vaisseau et quelques-uns de
ceux qui étaient venus d'Egypte avec
lui ; il leur communiqua ses craintes
et sa résolution, et leur demanda s'ils
étaient en état de faire le voyage ? Sur
leur réponse qu'étant parfaitement ré-
tablis, ils ne désiraient rien avec tant
d'ardeur que de continuer la route,
Sahyd donna ordre de tout disposer
pour partir le lendemain au point du
jour. Il récompensa le bon sauvage qui
l'avait reçu humainement ; puis ayant
remonté le Rhône, il vint à Lyon,
vit les amis qu'il avait dans cette ville,
en tira de puissans secours, et gagna
Parisis sans rencontrer d'obstacle.

La plus grande confusion régnait
dans cette ville : les barbares venaient
la nuit ravager les champs, détruire

lés récoltes et enlever les troupeaux, puis ils se dérobaient par une prompte fuite à la vengeance des Parisiens. Lorsque ceux-ci voulaient les poursuivre, ils se cachaient dans les bois par pelotons, et, se tenant à couvert derrière les arbres, ils les perçaient de leurs flèches. Fatigués de cette guerre désastreuse, la plupart des sauvages de la colonie étaient retournés dans leurs montagnes; ceux qui restaient avec les Egyptiens, trop faibles pour résister aux Barbares, délibéraient pours avoir s'ils devaient abandonner la ville; les femmes, les enfans, incertains de leur sort et n'ayant plus ni pères, ni époux, erraient de maison en maison, en poussant des gémissemens et des cris lamentables, et ils augmentaient encore le désordre; les travaux étaient abandonnés; chacun cachait ses richesses et se disposait au départ; tout enfin offrait le triste tableau du découragement et de la désorganisation,

La présence de Sahyd changea tout-
à-coup la face des affaires, et causa une
joie universelle. De l'avis d'Anysis, il
fit assembler les principaux habitans,
et l'on tint conseil. L'assemblée décida
qu'il fallait joindre les Barbares, et
les combattre si l'on voulait voir fleu-
rir la colonie. Sahyd, nommé chef tout
d'une voix, fit abattre la partie de la
forêt qui servait d'asile aux ennemis,
de sorte qu'il fut aisé alors de les voir
venir, et de se mettre en garde contre
leurs surprises. Cette précaution prise,
il députa les sauvages de Parisis vers
ceux de leurs compatriotes qui avaient
fui, pour les engager à revenir, et
bientôt ils accoururent tous avec de
grandes démonstrations de joie. Outre
leurs armes, Sahyd leur donna un bou-
clier pour se garantir des traits, et il
voulut que les chefs eussent un casque.
Les soldats étant équipés, on plaça des
postes de distance en distance; à la
première alerte, toutes les troupes

qui se tenaient autour de la ville, devaient paraître et engager l'action. Tel
fut le plan formé pour contraindre les
Barbares à se battre.

Afin de se rendre les dieux favorables, les chefs de famille s'assemblent
au lever de l'aurore ; ils invoquent Osiris ou le père du jour ; les femmes, de
leur côté, vont au temple d'Isis, où
la lune reçoit leurs hommages ; puis
elles viennent armer leurs maris, leurs
fils, leurs frères ; elles les exhortent à
se bien défendre, et à préférer la mort
à la honte de l'esclavage.

Sahyd sortit ensuite de la ville avec
ses troupes ; il les rangea en bataille,
et les harangua en peu de mots :
« Amis, leur dit-il, des Barbares atta-
quent vos personnes et vos biens ; ils
ont ravagé votre territoire et veulent
vous subjuguer...... Mais, non ; vous ne
le souffrirez pas : plutôt mourir que
de leur ouvrir nos portes : c'est sur nos
corps expirans qu'il faut qu'ils se

fraient un passage avant d'entrer dans la ville..... Vos cœurs me répondent; je vois le feu du courage étinceler dans vos yeux.... Eh bien! que rien n'enchaîne cette noble ardeur; écrasez ces lâches brigands, ces tyrans de la terre; et, par votre victoire ou votre mort, donnez - leur un exemple de l'empire de la liberté sur des cœurs tels que les vôtres. »

Electrisés par ce discours, les guerriers aperçurent, en ce moment, les Barbares qui venaient à eux, en faisant, selon leur usage, des cris et des hurlemens effroyables, signe ordinaire de la confiance que leur donnait leur supériorité numérique. Ce bruit, précurseur de la foudre, n'étonne point le courage des Parisiens : ils marchent fièrement, et en bon ordre, à la rencontre de l'ennemi; bientôt une grêle de traits obscurcit l'air; les Barbares, à demi-nus, en sont criblés; leur fureur s'accroît; ils se jettent en tumulte sur les Parisiens qui, bien conduits, en font un horrible carnage.

Trois batailles successives, où les Parisiens donnèrent des preuves de la plus grande valeur, suffirent pour chasser tout-à-fait les Barbares du territoire de Parisis, et pour leur apprendre qu'un peuple, jaloux de sa liberté, triomphe toujours de ses ennemis, quelque nombreux qu'ils soient.

Après la victoire, les Parisiens rentrèrent dans la ville ; les femmes allèrent au-devant d'eux avec empressement ; les unes prenaient soin des blessés, les autres couronnaient les vainqueurs ; toutes faisaient éclater la plus grande joie ; elles exaltaient la bravoure des guerriers, et remerciaient les dieux de leur délivrance.

Ces soldats citoyens quittèrent les armes pour reprendre leurs travaux ; au bout de quelques mois, il ne resta aucune trace du passage des Barbares. Les Parisiens apprirent, par cette subite irruption, que pour jouir de la paix avec sécurité, il faut toujours être prêt pour la guerre ; ils purent aussi apprécier les avantages de l'union et de la discipline auxquelles ils devaient la victoire.

Trop près de la nature pour être in-grats, les Parisiens sentaient vivement les services que Sahyd leur avait ren-dus ; dans leur enthousiasme, ils vou-lurent le nommer chef de la républi-que. Le général les remercia et les re-fusa : « Gardez votre liberté, leur dit-il, tant qu'il vous sera possible ; que les chefs de famille discutent les grands intérêts de la société ; que les places soient remplies par des hommes de mérite qui ne cherchent que le bien de la patrie, et vous serez heureux. Il est indigne de moi d'abuser de votre reconnaissance pour vous dominer, quand je n'ai combattu à votre tête que pour vous affranchir de la tyran-nie. Vous avez, au milieu de vous, un

sage dont les lumières et l'expérience
peuvent vous être utiles : dans les circonstances difficiles, consultez Anysis
et écoutez-le ; quant à moi, balotté par
la fortune, je n'aurai de bonheur que
celui dont je vous verrai jouir. Je con-
sens à rester parmi vous, mais comme
simple particulier; telle est ma ferme
et invariable résolution. »

Sahyd se retira dans une jolie solitude aux environs de la ville; la lecture,
le jardinage et l'entretien de ses amis
partageaient son temps tour-à-tour. Ce
genre de vie eût convenu à ses goûts
modérés, si le souvenir de Délia et
l'incertitude du sort de cette chère
épouse n'eussent empoisonné ses plus
douces jouissances : mais au milieu
d'une conversation intéressante, qui
semblait devoir lui plaire, de profonds
soupirs s'échappaient tout-à-coup de
son sein, et ses yeux se remplissaient
de larmes. Les jours, les mois, loin de
diminuer son affliction, semblaient en-

core l'accroître : le cœur de Sahyd
était vide ; il avait beau chercher autour de lui, rien ne remplaçait l'amie
qu'il avait perdue !

Les bons Parisiens auraient désiré
donner des consolations à celui qui
avait tant fait pour eux ; mais il n'é-
tait pas en leur pouvoir de lui rendre
l'objet de son amour ; cependant sa situation les occupait ; elle était souvent
le sujet de leurs entretiens.

Un jour, que l'un d'eux racontait, à
un marchand venu du midi, les malheurs de Parisis, et qu'il faisait un tableau touchant de la tristesse du général, dont un corsaire avait enlevé l'é-
pouse ; celui-ci lui apprit que des Barbares épars dans les forêts, au bord de
la mer, avaient en leur puissance une
très-belle femme, qu'ils tenaient ren-
fermée dans le dessein de la vendre. Il
ajouta encore d'autres détails, qui persuadèrent au Parisien que la belle in-

2.   22

connue n'était autre que Délia. Il ne se trompait pas.

Lorsque cette jeune femme reprit ses sens sur le vaisseau du corsaire, la surprise et la douleur faillirent à les lui faire perdre de nouveau. Le pirate, à ses genoux, pressait ses mains dans les siennes, et avec tant de passion qu'elle en fut effrayée. Le danger qu'elle courait ranima son courage ; surmontant sa timidité naturelle, elle saisit un couteau et voulut s'en frapper. Le pirate, plus avare qu'amoureux, ayant réfléchi qu'un tel acte de désespoir serait contraire à ses intérêts, en le privant de la somme qu'il pouvait tirer de cette belle femme, la rassura et lui promit de la respecter. Il fit plus, il lui donna l'espérance de la rejoindre bientôt à son époux. Ce n'est pas que le forban fût assez généreux pour en agir ainsi ; mais il craignait que le chagrin d'une séparation si douloureuse n'altérât ses charmes, et que le prince

auquel il la destinait ne l'estimât pas
d'un assez grand prix.

Ces motifs, très-peu nobles en eux-
mêmes, tournèrent cependant au profit de la belle Egyptienne : le corsaire
mit auprès d'elle des femmes pour la
servir ; il la combla d'égards, la couvrit de bijoux, et lui donna pour sa
table les mets les plus délicats.

Délia réfléchissait à quoi pouvait
tendre une conduite si extraordinaire,
lorsqu'une violente tempête jeta le
vaisseau contre les côtes de l'Europe
et le brisa en mille pièces. Le pirate
prit Délia dans ses bras, la porta sur la
chaloupe et voulut gagner la terre ;
mais les Barbares qui couvraient la côte
l'attendaient au rivage ; sitôt qu'il fut
hors du bateau, ils fondirent sur lui,
le firent prisonnier avec son équipage,
et s'emparèrent de Délia. Ils se dispu-
tèrent long-temps pour savoir à qui
elle tomberait en partage ; afin de les
mettre d'accord, les chefs décidèrent

qu'elle serait vendue comme esclave.
On lui bâtit sur un rocher une petite
cabane pourvue de toutes les choses
nécessaires; elle y fut logée, puis gar-
dée par des sauvages, qui devaient rester jour et nuit autour de sa demeure
jusqu'au moment du départ.

Le récit du marchand étant parvenu
aux chefs, ceux-ci se formèrent en petit comité; puis, bien secrètement, ils
envoyèrent des troupes à la recherche
de la belle Egyptienne. Ce corps,
formé des Parisiens les plus capables
et les plus braves, se conduisit avec
tant d'adresse, qu'il surprit la garde de
Délia et enleva cette dame sans éprouver le moindre obstacle. Elle arriva de
nuit à Parisis, et fut reçue avec de
grands respects, dans le temple de la
déesse, où les principaux citoyens
vinrent lui rendre leurs hommages et
lui apprendre que ses malheurs étaient
finis.

Le lendemain, on annonça qu'on

allait célébrer à Parisis la fête de la reconnaissance. Dans cette fête, ceux
qui avaient rendu à la patrie des services importans étaient couronnés et
leurs noms inscrits sur une table d'ai-
rain. Ce jour donc, au lever du soleil,
Sahyd se rend au temple : il est triste,
abattu, et il prend peu de part à l'allégresse commune. Cependant il est
proclamé le fondateur et le restaura-
teur de Parisis ; son nom répété de
bouche en bouche excite un enthousiasme si grand qu'il ne peut se défendre d'une vive émotion. La cérémonie
commence. Sahyd marche vers l'autel
où sont placées les couronnes ; un silence respectueux succède aux élans
des bruyantes acclamations ; alors le
grand-prêtre élève la voix : « C'est de
la déesse Isis, dit-il, ou plutôt de sa vi-
vante image, que Sahyd doit recevoir
le prix de sa valeur. » Aussitôt on voit
paraître une femme couverte d'un long
voile et couronnée de roses ; sa mise

est riche, son maintien plein de graces
et de noblesse ; mais sa démarche est
lente et incertaine. En la voyant, Sahyd se trouble : il se sent défaillir et
s'appuie contre une colonne ; alors la
dame inconnue s'avance d'un pas précipité ; elle écarte son voile et tend
les bras à Sahyd, qui reconnaît Délia!...
Dans son ravissement le général oublie le peuple, tout l'univers, il serre
sa chère épouse contre son cœur avec
tous les transports de la joie. Les Parisiens attendris, profitent du moment
où ces deux époux s'embrassent pour
les couronner ensemble, et les applaudissemens redoublent. La fête ayant
continué, se termina par l'éloge de
Sahyd, et l'érection d'un monument
qui perpétuait la mémoire des services
rendus à Parisis par le général, ainsi
que la reconnaissance des Parisiens.

FIN DU DEUXIÈME VOLUME.